秋叶®

AI文案提示词模板

吸引力
四大万能模板
共鸣吸引力模板
反套路吸睛模板
对比反差感模板
悬念好奇式模板

代入感
三大实用模板
提问式代入模板
五感共情力模板
强渗透模板

信任感
三大转化模板
权威加持吸睛模板
让数据说话模板
效果立现，
赢得用户依赖模板

互动性
三大传播利器
参与感倍增模板
广泛传播引流模板
互动赋能聚睛模板

逻辑速成
七大万能模板
明确定位模板　　并列逻辑模板
精准洞察模板　　严谨论证模板
经典4P逻辑模板　头尾呼应模板
递进逻辑模板

经典文案
四大万能模板
利益点直观模板
人群精准触达模板
直戳痛点模板
AIDA转化模板

爆款标题
三大万能模板
8款经典标题
一键生成模板
提升文章点击率
热词模板
爆款标题万能指令

欲罢不能开头
四大高效模板
故事导入模板
金句吸睛模板
利益前置模板
直击痛点模板

营造有力好结尾
两大黄金模板
促转化率模板
承诺好处模板

创意金句
两大万能模板
6类经典金句
一键生成模板
经典金句万能指令

朋友圈销售文案
四大万能模板
紧跟热点，把货卖到用户
心坎模板
赢得信任，推动成交模板
促进互动，流量转化模板
量身定做，打造个性模板

小红书种草文案
三大实用模板
爆款笔记万能指令
经典标题万能模板
"种草"笔记万能模板

知乎获取长尾流量
两大通用模板
有效提问，扩大影响力模板
精准回答，吸引流量模板

短视频文案
两大万能模板
视频脚本速成模板
短视频文案速成模板

直播话术
三大万能模板
锁定用户开场话术模板
促进转化的
过品话术模板
引导预约的
结束话术模板

公号长文
五大模板
热门选题速成模板
爆款标题万能模板
清晰大纲万能指令
高级感文案速成模板
高级感文案提升模板

AI

秒懂AI 小红书

7招玩转 素人博主变现

有姜姜　李婷儿　王生龙
_____ 著

人 民 邮 电 出 版 社

北 京

图书在版编目（CIP）数据

秒懂 AI 小红书：7 招玩转素人博主变现 / 有姜姜，
李婷儿，王生龙著. -- 北京：人民邮电出版社，2024.
ISBN 978-7-115-65040-5

Ⅰ. F713.365.2

中国国家版本馆 CIP 数据核字第 2024GQ2380 号

内 容 提 要

本书是一本专为小红书素人博主打造的指南，旨在帮助无产品新手博主或想获客、放大客户池的有产品博主，利用 AI 技术在小红书上快速成长。

在 AI 时代，无论是写作、设计还是视频制作，AI 技术都能大幅提高博主的小红书内容产出效率。

本书覆盖了小红书博主成长的各个阶段，从 AI 加速内容创作，到精准定位吸睛人设，再到高效引流获客，重点介绍小红书博主的 3 大 AI 应用场景：AI 写作、AI 作图和 AI 制作视频。

通过阅读本书，可以学会利用 AI 写出吸引人的标题，一天创作出多篇高质量的笔记；学会使用 AI 生成美观且符合主题的封面配图；学会将文字内容转化为有趣而生动的视频。

此外，本书还为读者提供一系列 AI 提问入门指南和实操技巧，让每个素人博主都能拥有专属于自己的小红书 AI 管家。

◆ 著　　　　　有姜姜　李婷儿　王生龙

责任编辑　陈灿然

责任印制　胡　南

◆ 人民邮电出版社出版发行　　北京市丰台区成寿寺路 11 号

邮编　100164　　电子邮件　315@ptpress.com.cn

网址　https://www.ptpress.com.cn

临西县阅读时光印刷有限公司印刷

◆ 开本：880×1230　1/32　　　　彩插：1

印张：9.75　　　　　　　2024 年 8 月第 1 版

字数：208 千字　　　　　2025 年 3 月河北第 6 次印刷

定价：59.80 元

读者服务热线：(010)81055410　印装质量热线：(010)81055316

反盗版热线：(010)81055315

目 录

Chapter 1

第一章

AI 加速：
小红书博主迎来
提速革命

Chapter 2

第二章

AI 赋能：
精准定位小红书
吸睛人设

Chapter 3

第三章

AI 提效：
打造"赞藏"破万
的小红书图文笔记

Chapter 4

第四章

AI 辅助：零基础创作小红书高赞视频

Chapter 5

第五章

智慧运营：
抓准 3 大曝光口
获取流量

Chapter 6

第六章

高效引流：
低成本线上
精准获客

Chapter 7

第七章

持续变现：素人博主 8 大变现方式

Chapter 1

AI 加速:

小红书博主迎来
提速革命

1.1
AI 时代，新手做小红书，务必请 AI 帮你工作

AI 热潮发展速度之快、范围之广，令人惊叹。AI 登上各大平台热搜如图 1-1 所示。

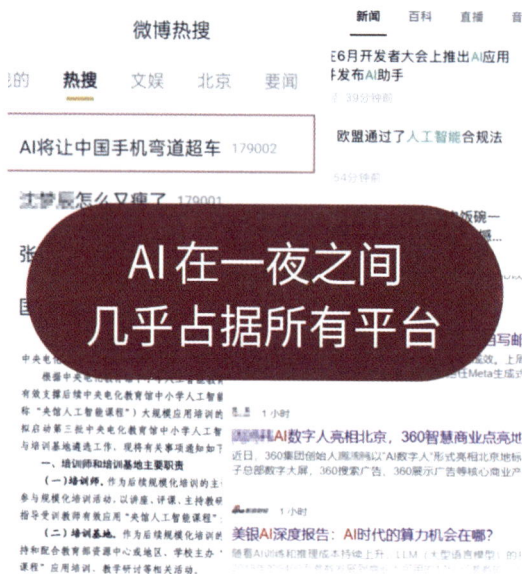

图 1-1　AI 登上各大平台热搜

无论是滚动的新闻头条、热议的网络话题，还是朋友圈里的日常分享，处处是 AI，人人都在说 AI。

有的人因忽视 AI，面临职业危机，失去了原来的工作；有的人因重视 AI，了解了很多原来毫无基础的领域，比如绘画、写作和视频制作等，学习了新技能，提升了工作效率，甚至升职加薪。

但你可能会问，这一切，和做小红书博主，到底有什么关系呢？

1.1.1

借力风口：AI 趋势与小红书的新机遇

通过人工智能（Artificial Intelligence，AI）技术，计算机可以模拟人类的思维方式，完成众多高难度任务，例如图像识别、文案写作、代码编写、药物研发等。

在 AI 时代，作为一个初入行的博主，虽然不强求能掌握运用 AI 的所有技巧。但我们应该对"AI 如何帮我们做博主，提高笔记的产出效率""怎样使用 AI，才能帮我们更快'涨粉'""怎样利用 AI 发掘新的副业变现机会"等技巧有所了解。

小红书本就是各行各业博主的竞技场，AI 就像一把先进的武器。拥有相似人设、技能、专业知识水平的人，在竞技场上，相互较量，明明自身能力差不多，但如果一个以 AI 作为武器进攻压制，一个只靠过往经验被动对抗，会运用 AI 的人一般更具优势。

因此，只要你希望靠运营小红书"涨粉"变现，更快成长为一个能赚钱的博主，冲出重围，就请你一定要重视 AI 技术的进步和变化，并将其应用在小红书的内容创作中。

你得知道：未来做博主，想更快变现，离不了 AI。但 AI 是工具，是武器，你才是想成为博主、享受小红书副业变现成果的人。所以你要了解如何做，才能将 AI 这把武器，应用在运营小红书的方方面面。

秋叶小红书网课＋训练营，已协助超 15 000 名零基础学员成为小红书博主，本书将结合过往学员真实的辅导经验，为你详细拆解新手博主**从 0 起号—生产"爆款"内容—运营"涨粉"—实现变现**等环节的步骤和方法，并利用 AI，助你走得更快更远。

亲爱的小红书博主，期待与你顶峰相见。

1.1.2

新手攻略：小红书博主 3 大 AI 应用场景

小红书博主想要在这个平台上脱颖而出，光靠个人魅力和努力可远远不够。

你需要高科技帮手——AI。本小节将重点介绍小红书博主的 3 大 AI 应用场景和使用策略，帮助博主利用 AI 技术"涨粉"、赚钱。

1. AI 写作：笔记加速

AI 写作可以提升内容产出效率。

你是否经常为如何写出吸引人的标题而苦恼？ AI 可以为你提供丰富的灵感和建议。之前，你可能一天只能写一篇笔记，但现在，在 AI 的加持下，你可以一天创作出十篇高质量的笔记。

以母婴赛道为例，假如你为怎么获取育儿知识而发愁，AI 能够帮你整理出全面且权威的育儿信息。AI 用 1 分钟完成的母婴赛道笔记如图 1-2 所示。假如你不确定哪些内容适合做"带货"文案，AI 可以帮你分析数据，设计出合适的"带货"文案。

😯 孩子总是吐奶怎么办？新手爸妈的必修课！

🍼 亲爱的宝爸宝妈们，你是不是也常常为孩子总是吐奶而烦恼呢？这其实是新生儿常见的问题，也是每位新手爸妈都需要了解并解决的难题。今天，就让我来为大家解答这个问题，让你们的育儿之路更加顺畅。

💡 为什么孩子会吐奶？

🔍 孩子吐奶的原因可能有很多，比如新生儿的胃较小，一次吃得过多或者吞咽过快，都可能导致吐奶。此外，宝宝的消化系统尚未发育完全，也容易引起吐奶。因此，我们需要关注孩子的饮食和吞咽习惯，帮助他们逐步解决吐奶问题。

📋 孩子吐奶怎么办？

1 调整喂奶姿势：确保宝宝头部高于身体，这样有助于奶水顺利流入胃部。可以尝试将宝宝斜抱在怀里，或者将宝宝的头部垫高一些。

2 控制喂奶量：不要一次喂太多，可以分多次进行。同时，注意喂奶速度，避免宝宝吞咽过快。

3 拍嗝：喂奶后，轻轻拍打宝宝的背部，帮助他们排出胃里的空气，减小吐奶的可能性。

4 留意宝宝的反应：如果宝宝吐奶后精神状态良好，没有其他不适症状，那么一般不需要太担心。但如果宝宝频繁吐奶，且伴有哭闹、发热等症状，建议及时就医。

图 1-2 AI 用一分钟完成母婴赛道笔记

总之，AI 写作是你在小红书上快速成长的秘密武器。

2. AI 作图：封面无忧

一张吸引人的封面图是吸引用户点击的关键。

以读书赛道为例，若你想要一张以书籍为背景的书桌封面图，并希望增添一些与读书相关的元素（如图 1-3 所示），这对 AI 来说很容易。你只需要提供一些基本的词句描述，AI 就能根据你的需求生成美观且符合主题的图片。这意味着，即使是完全没有设计基础的人，也能够轻松制作出看起来专业且具有吸引力的封面图。

图 1-3　AI 用 30 秒产出高清书桌封面图

3. AI 制作视频：解锁视频新玩法

对博主而言，制作视频的能力，未来一定是必备技能。通过阅读本书，博主可以学习如何利用 AI 把文字内容转化为视频内容，降低制作视频笔记的门槛。

以萌宠赛道为例，只需提供一些文字描述，AI 就能根据这些信息生成有趣而生动的萌宠视频（如图 1-4 所示），再辅以入门级剪辑工具，即使是没有视频制作经验的人，也能成为视频博主。

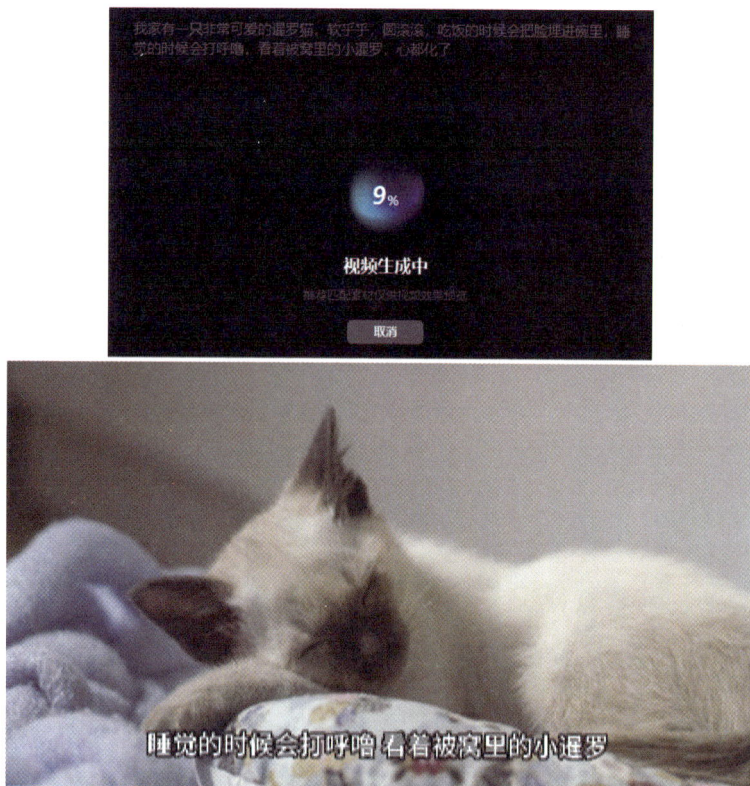

图 1-4　输入文字，AI 自动形成视频

总而言之，AI 技术的发展为小红书博主带来了前所未有的便利。无论是写作、制作图片还是制作视频，AI 都能助博主一臂之力，让博主在这个平台上脱颖而出，实现粉丝增长和变现的目标。

1.2
初学者必看，小红书 AI 提问入门指南

在接下来的内容中，本书以 AI 写作为主，AI 作图、AI 制作视频为辅，为大家深入讲解小红书运营的高效玩法和 AI 的实操技巧，让你拥有专属于自己的小红书 AI 管家。

1.2.1
国内 5 大 AI 写作工具，设计你的私人创作助理

工欲善其事，必先利其器。武欲胜其敌，必先练其兵。AI 写作就是小红书博主的必备重磅武器。

国内 5 大 AI 写作工具如下。

1. 文心一言（ERNIE Bot）——百度的智能创作伙伴

文心一言是百度全新一代知识增强大语言模型。这个工具很有意思，不仅能够与你对话互动，回答问题，还能协助你进行创作。当你缺乏灵感时，文心一言能够帮你生成富有创意的文案。它的应用场景非常广泛，无论是文学创作、商业文案，还是多模态生成，文心一言都能够助你一臂之力。

2. 讯飞星火（Spark Desk）——科大讯飞的认知智能助手

讯飞星火是科大讯飞推出的全新一代认知智能大模型。这款 AI 工具能基于自然对话方式理解和执行任务，无论是内容生成、语言理解还是逻辑推理，讯飞星火都能够应对。如果想要在教育、办公、医疗等领域提升智能化服务水平，讯飞星火是不二之选。

3. 通义千问（Tongyi Qianwen）——阿里云的超大规模语言模型

通义千问是阿里云推出的一个超大规模的语言模型。基于 GPT-4 架构设计，通义千问能够理解和生成人类语言，提供多轮对话、文案创作、逻辑推理等功能。无论是辅助学习还是解锁更多智能应用场景，通义千问都能为你提供强大的支持。

4. 腾讯混元大模型（Tencent Hunyuan）——腾讯的通用大语言模型

腾讯混元大模型是腾讯自主研发的通用大语言模型。因具备超千亿的参数规模，这个模型在中文理解与创作、逻辑推理方面都展现出了强大的能力。无论是在腾讯会议中提供 AI 小助手，还是在腾讯文档中支持文本创作，腾讯混元大模型都能够提供卓越的服务。

5. 豆包（Dou Bao）——字节跳动的多功能 AI 工具

豆包是字节跳动公司推出的一款基于云雀模型开发的 AI 工具。无论是进行聊天对话，还是进行写作辅助，豆包都能够为你提供帮助。豆包的设计亮点在于其对语义的理解能力以及数理逻辑能力，无论是生成文本内容还是提供语音回答，豆包都表现优异，因此对英语学习类的博主非常友好。

这 5 大 AI 写作工具各有千秋，你可以根据自己的需求和创作场景选择合适的工具。无论是提升创作效率、丰富内容质量还是拓展创作思路，它们都将成为你的得力助手。所以，不要犹豫，赶紧选择一款适合自己的 AI 写作工具，让你的小红书创作之路更加顺畅吧。

1.2.2

AI 提示心法，写作门外汉也能写出好笔记

作为小红书博主，不管过往你对笔记写作"是爱还是恨"，有

了 AI 提示心法，你都能写出吸引人的好笔记。

心法 1：身份角色 + 写作主题 + 要求标准。

心法 2：投喂资料 + 总结标准 + 结合心法 1。

1. 有想法且知道自己的写作具体要求

使用心法 1——身份角色 + 写作主题 + 要求标准。

第一步——身份角色。 你是一位母婴博主，还是美食达人，抑或是旅行爱好者？不同的身份角色将决定笔记的风格和内容。

第二步——写作主题。 你是要分享生活点滴，还是推荐好物，或者是传授某个知识技能？写作主题将引导内容方向。

第三步——要求标准。 你希望你的笔记呈现什么样的风格？是追求深度思考，还是轻松幽默，或者是简洁明了？要求标准将帮助你把控笔记的风格。

AI 提问案例

身份角色：假设你是一位小红书母婴博主。

写作主题：希望写一篇小红书笔记，标题为"孩子屁股起红疹的处理方法"。

要求标准：笔记内容简单易懂；用词符合小红书调性，能吸引宝妈目光；配有清晰的实操方法或步骤。

AI 生成的回答如图 1-5 所示。

😊宝宝屁股起红疹？宝妈不慌，跟着我做！

🙋亲爱的宝妈们，宝宝屁股起红疹是个常见的小问题，但处理不当可能会给宝宝带来不适。今天，我就来教大家几个简单又实用的处理方法，让宝宝的屁股恢复健康，远离红疹困扰！

💡首先，我们来了解一下红疹的成因。宝宝屁股起红疹，通常是因为皮肤长时间接触潮湿环境，或者由尿布摩擦导致。因此，保持屁股干爽、选用柔软的尿布是关键。

🖐接下来，给大家分享几个实用的处理方法。

1️⃣ **保持屁股干爽**。每次换尿布时，用柔软的毛巾轻轻擦干宝宝的屁股，确保没有水分残留。如果条件允许，可以让宝宝的屁股在空气中晾一晾，自然风干。

2️⃣ **选用合适的尿布**。尽量选择柔软、透气、吸水性好的尿布。避免使用含有刺激性成分的尿布，以免加重红疹。

3️⃣ **涂抹护臀膏**。在换尿布前，为宝宝涂抹一层薄薄的护臀膏，可以有效隔离尿液和粪便，减小皮肤刺激。

4️⃣ **注意清洁**。定期为宝宝洗澡，注意清洗屁股，保持皮肤清洁。洗澡后，用柔软的毛巾轻轻擦干，避免摩擦。

👐如果以上方法仍然无法缓解红疹，建议及时就医，寻求专业医生的帮助。

🎉总之，宝宝屁股起红疹并不是大问题，只要我们用心护理，就能很快解决。希望今天的分享能帮到大家，让我们一起为宝宝的健康努力吧！

#宝宝红疹 #宝妈必备 #母婴护理 #宝宝健康

图 1-5　使用心法 1，AI 产出的小红书笔记

2. 没有想法但想拆解学习行业内高质量内容写法

使用心法 2——投喂资料 + 总结标准 + 结合心法 1。

第一步——投喂资料。没有灵感时，不妨投喂一些资料给 AI。这些资料可以是你所处领域的热门话题、最新资讯或者你感兴趣的内容。

第二步——总结标准。接着，让 AI 从这些资料中汲取灵感，总结出内容的核心信息、写作结构、写法优势。让 AI 从多个维度，拆解出资料的精华部分。

第三步——结合心法 1。最后，基于主题，结合心法 1，输入 AI 总结好的行业内优秀文章标准，你就能写出一篇有深度、有价值的好笔记。

AI 提问案例

第一步：投喂资料。

这是文章《国内年轻人日常饮食结构》，请你帮我总结其中的核心数据和信息，并拆解这篇文章的写作逻辑结构、特点和优势。

内容如下：（输入复制的文章信息）。

第二步：总结标准。

（AI 对投喂的资料总结出的标准。）

第三步：结合心法 1。

身份角色：假设你是一位小红书健康养生博主。

写作主题：希望写一篇小红书笔记，标题为"为什么建议你吃减脂餐？"。

要求标准：

1. 文章采用总分总结构，首先概述中国年轻一代饮食习惯的变化背景，然后介绍减脂餐的优势和实践方法，最后总结减脂餐的市场现状。

2. 数据翔实，举例丰富，关注细节。通过具体数据和案例展示各个领域的市场情况和特点，读者能更容易理解和接受观点。

3. 紧跟时事热点，关注年轻人需求。文章针对当前中国年轻人在饮食方面的需求和痛点进行深入剖析，提出切实可行的解决方案和建议，具有较高的实用价值和市场指导意义。同时，文章用语应简洁明了，易于阅读和理解，适合广大年轻读者群体。

AI 生成的回答如图 1-6 所示。

标题：为什么建议你吃减脂餐？

导语：随着健康意识的提高和生活节奏的加快，越来越多的年轻人开始关注减脂餐。那么，为什么要选择减脂餐？减脂餐有哪些优势？本文将为你一一解答。

一、中国年轻一代饮食习惯的变化背景

近年来，中国年轻一代的收入水平不断提高，生活节奏加快，工作压力增大，这使得他们在饮食方面更加注重便捷性和营养价值。同时，随着健康意识的提高，越来越多的年轻人开始关注减脂餐，希望通过调整饮食结构来实现健康减重。

二、减脂餐的优势

1. 营养均衡：减脂餐通常包含蛋白质、膳食纤维、维生素和矿物质等多种营养成分，有助于维持身体健康。
2. 控制热量摄入：减脂餐的热量通常低于普通餐，有助于控制热量摄入，从而达到减重的目的。
3. 增加饱腹感：减脂餐中的蛋白质和膳食纤维等成分可以增加饱腹感，减少饥饿感，有助于坚持减重计划。
4. 改善肠道健康：减脂餐中的膳食纤维有助于促进肠道蠕动，改善肠道环境，预防便秘等问题。

三、减脂餐的实践方法

1. 选择低热量食材：如瘦肉、豆腐、蔬菜等，避免高热量、高脂肪的食物。
2. 注意烹饪方式：尽量采用清蒸、煮、烤等健康烹饪方式，避免油炸、煎炒等高油脂烹饪方式。
3. 合理搭配营养成分：保证每一餐都有蛋白质、膳食纤维、维生素和矿物质等营养成分的摄入。
4. 注意餐量控制：避免暴饮暴食，适量进食，以免摄入过多热量。

四、减脂餐的市场现状

随着减脂餐的兴起，市场上出现了众多减脂餐品牌和餐厅。这些品牌和餐厅针对不同人群的需求，推出了各种口味和风格的减脂餐。此外，一些电商平台也推出了减脂餐定制服务，方便消费者根据自己的需求选择合适的减脂餐。

总之，减脂餐作为一种健康的饮食方式，已经成为越来越多年轻人的选择。通过合理搭配食材、控制热量摄入、增加饱腹感等方法，我们可以实现健康减重，拥有更好的身材和健康。

图 1-6　使用心法 2，AI 产出的小红书笔记

总之，不管你是写作高手还是门外汉，只要掌握了这套 AI 提示心法，就能让你的小红书笔记更加出彩。赶紧拿起你的 AI 工具，开始你的小红书创作吧！

第二章

AI 赋能:

精准定位小红书吸睛人设

2.1

素人起号自媒体：首选小红书

如果你想做博主，首选小红书。

小红书是当前十分热门的信息分享平台，受到很多年轻人，尤其是年轻女性的青睐。

据小红书官方数据统计，每个月有 1.2 亿个用户在小红书寻求购买建议，日均用户搜索查询量达到了 3 亿次，小红书逐步成为普通人的消费决策入口。

本节基于小红书的平台属性详细阐述素人在小红书做自媒体博主的 4 大优势，并对小红书的"种草"红利进行深度的剖析，全面解读素人起号自媒体，为什么推荐首选小红书。

2.1.1

为什么素人做博主在小红书获得成功的机会更大

当你想做新媒体时，建议优先选择小红书作为入门平台。因为小红书有下面 4 大优势。

1. 用户人群质量高，消费能力强，博主能卖贵的商品

在秋叶小红书训练营里有一位学员的工作是房产销售顾问，通过在小红书进行运营，输出房产相关干货，获取客户，在半年不到的时间里成功售出五套房产，销售业绩超千万元。

为什么小红书的用户消费能力如此强？这就要看小红书的用户画像数据。

截至 2023 年第四季度，小红书官方数据报告显示：

1）小红书月活跃用户为 2.6 亿，其中 70% 的用户都为女性，"90
后"占比达到 70%，由此可知女性是消费的主力军；

2）小红书用户中 50% 来自一、二线城市，且主要为都市白领、
职场精英，其消费能力较其他平台普遍更强。

要知道，"种草"的本质其实就是营销，因此，如果目标用户
不具备较强的购买力，"种草"的终极目的可能会无法达到。起点
课堂的调研数据显示，当前小红书的用户平均收入为 5 000 元，收入
超过 5 000 元但低于 10 000 元的人群占比为 48.45%，整体收入水平
较高。这就意味着当这一类用户在平台上"种草"某件商品时，其
付费意向和购买能力都会更强，更有利于带来较高的转化率。

由此，便可以总结出小红书活跃用户的整体特征：以女性用户
为主、年轻且购买力强。如果你的产品客单价较高，那你一定不能
错过小红书。小红书官方数据报告如图 2-1 所示。

图 2-1　小红书官方数据报告（一）

2. "种草"社区属性强，内容领域多元，博主进入门槛低

从创立之初，小红书走的便是"社区"路线，其创始人不止一
次提到，小红书就是一个社区。

在小红书这个社区里，"有用"的内容将大家聚集到一起，并逐渐形成了用户与博主之间平等互动的独特社区文化。

小红书社区运营负责人曾举过一个例子，有一位拥有 300 多个粉丝的用户发布了一篇去某草莓园买草莓的笔记，收到了 70 多条私信和评论，问她草莓园的具体位置、老板叫什么、有没有地方停车等。该负责人认为这是小红书区别于其他社区平台的一大特色：在小红书，用户和博主是平等的交流和询问，相处自然。

所以，只要你的内容是客观、真实的分享，就能够在小红书获取到流量。这对新手博主来说，内容创作的门槛就变低了许多。

而且，小红书包含的内容领域非常多，如图 2-2 所示，除了美妆、护肤之外，其他方面也都有涉猎，包括职场、社科、影视、音乐、游戏等，可以说小红书的内容正在覆盖生活的方方面面，给每个普通人带来多元化体验。

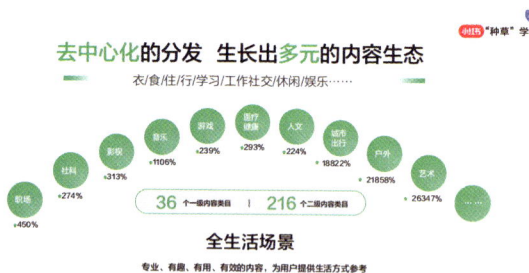

图 2-2　小红书官方数据报告（二）

3. 用户消费欲望强，品牌推广需求旺盛，新手变现扶持力度大

"我现在使用小红书搜索的频率已经超过百度了。"

这句话出自一位小红书的重度用户，她说自从使用了小红书后，几乎再也没有打开过百度，因为小红书所涵盖的内容涉及生活的方方面面，小到穿衣搭配、美妆美食，大到房屋 / 店面装修、婚礼策划，甚至还

扫码观看讲解
视频

有考试经验、职场攻略之类的内容。她说："看小红书上的博主'种草'已经成为我日常生活的一个习惯，比较空闲的时候我自己也会分享一些内容到小红书上。"

图 2-3 小红书官方数据报告（三）

越来越多的年轻人带着目的涌入小红书。官方数据显示，小红书日均用户搜索占比达到60%，其中81%的用户在小红书上浏览内容后，产生了购买欲望（如图2-3所示）。

众所周知，在众多获取流量的渠道中，搜索流量是最为精准且商业价值最高的，也正因如此，才受到众多广告主和运营者的喜爱。据小红书官方数据，90%的小红书用户在购买商品前有过搜索行为，整个小红书也有约60%的流量来源于搜索页，搜索流量占首页流量的38%。

也就是说，除了首页的推荐曝光，当一篇笔记中包含的关键词被用户搜索到，这篇笔记就会获得一次新的曝光，被搜索的次数越多，获得的曝光也就越多，这对小红书博主是非常有利的。

秋叶小红书训练营有位学员，在小红书做红酒批发，通过布局酒品关键词的方式，在小红书吸引了非常精准的需求客户，在粉丝不到400个的时候，已经通过小红书内容获客，售出酒品金额超150万元，这就是搜索流量带来的优势，即使粉丝少，也能实现变现。

也正是基于小红书流量的这种特性，越来越多的品牌选择在小红书进行推广。普通人在小红书更容易实现"低粉变现"的目的。

秋叶小红书训练营有位学员，在只有 6 个粉丝的时候，分享了一篇内容为如何解决高原反应的笔记，因为搜索流量的优势，获得了一个品牌方的广告推广机会，实现变现。

当然，小红书不仅广告需求旺盛，小红书达人"带货"的转化率也要略高于其他同类型平台。根据 QuestMoblie 发布的《2020 新国货崛起洞察报告》，在国内 4 大主流社交平台微博、抖音、快手和小红书中，前三者的平均"带货"转化率均未超过 10%，而小红书的平均"带货"转化率高达 21.4%。

作为一个内容社区平台，小红书一直都在积极探索不同的模式，致力于让平台自身和社区内各方都实现盈利，这对新手博主来说是非常友好的。小红书陆续推出博主变现的扶持机会，一再降低博主的变现门槛。

1）2022 年底，修改入驻小红书蒲公英平台的门槛，即小红书博主接广告的平台粉丝限制由 5 000 个下调至 1 000 个，这无疑降低了变现的门槛。

2）2023 年 4 月，小红书推出商品合作中心，达到 1 000 个粉丝的博主即可售卖小红书商品合作中心的产品，无须自己有产品，也可以实现"带货"变现。

3）2023 年 8 月 24 日，小红书推出"百万买手计划"和"500亿流量扶持"，帮助 100 万个小红书创作者成就一份新职业，对新手博主来讲，又有了新的变现红利。

4. 算法友好，不露脸不拍视频，0 粉丝也能出"爆款"笔记

做自媒体博主，想要实现变现的前提是得有粉丝。而想要获取粉丝，就要能够输出有价值的内容。

而大多数平台由于已经进入成熟阶段，对内容质量的要求也逐步变得更高，如微信公众号、今日头条等对入驻者的写作能力有一定的要求；抖音、快手等短视频平台则对入驻者的视频拍摄、剪辑技术有一定的要求。虽说真正操作起来并不算特别复杂，但还是让很多想要通过做自媒体博主获得收益的人望而却步。

相对而言，小红书的创作门槛是较低的。首先它对写作能力没有太高要求，只要能把一件事情说清楚，对其他用户有帮助即可，而且在发布内容时有图文和视频两种形式可以选择，对视频的创作能力也没有特定的要求。

举个例子，在秋叶小红书训练营中，有位54岁的退休学员在小红书做读书博主，她的第一篇笔记只是真诚地分享自己准备在小红书开始坚持读书，语言非常朴素，却在2天内收获了大量点赞，如图2-4所示。

图2-4　秋叶小红书训练营学员账号内容截图

很多互联网达人在运营过好几个平台之后都纷纷表示，小红书是适合新手的自媒体平台。具体而言，小红书的创作优势主要体现在以下三个方面。

①内容门槛低，不露脸不拍视频，用图文实现"涨粉"。

图文在当下的新媒体平台上，似乎不再受到重视，甚至许多平台已经放弃了图文呈现方式，主攻视频、音频等呈现方式。但在小红书上，图文依然是最主要的笔记呈现方式。

为何小红书仍保留着这种相对传统的呈现方式？由表2-1可知，对比当下热门的抖音、哔哩哔哩、知乎等平台，用户打开小红书不只是为了消遣娱乐，还为了进行消费决策，希望能在小红书上得到一些有价值的购物信息，所以他们更喜欢直观、方便，能够第一时间获取信息的图文笔记。

表2-1　小红书和抖音、哔哩哔哩、知乎平台的区别

区别项	小红书	抖音	哔哩哔哩	知乎
平台属性	重内容积累	重流量曝光	二次元社区，弹幕文化突出	知识问答社区
用户属性	用户群体集中，女性占比较大	用户群体分散，男女比例较为均衡	用户男女比例均衡，以"Z世代"群体为主	用户群体多元化，男性用户居多
内容方向	垂直细分	泛娱乐化	生活、娱乐、游戏、动漫、科技是其主要的内容品类	专业的知识内容
"带货"方式	以KOL/KOC产品测评和"种草"为主、直播"带货"和小红书商城为辅	短视频"带货"和直播"带货"，除官方抖音小店外，可链接至淘宝、京东等电商平台	品牌商合作、官方合作、用户打赏	优质回答
合作品牌特性	以高端品牌和新品牌为主	以潮流、年轻化品牌为主	信息流广告、艺人＋上传者垂直矩阵引流"种草"，可链接至淘宝、京东等电商平台	广告业务、知识付费

所以，在小红书上，图文笔记的阅读量比较高。而图文创作的这种方式，对新手博主来说无疑是一种红利。

同时，图文笔记由图片和文字构成，拍摄图片、编辑文字信息，相较于拍摄视频而言，对拍摄者的拍摄技术要求较低，且不需要进行剪辑，哪怕是新手，也能做得有模有样。这样一来，新手博主做内容的门槛就会大大降低。

比如，在小红书有一些纯知识科普账号，每天只是简单地分享相关领域的小知识点（如图2-5所示），就可以在很短的时间内实现"涨粉"，足以证明小红书图文红利的可贵之处。

图 2-5　知识科普账号主页截图

同时，图文形式受账号类型和内容风格的影响较小，教程类、经验分享类、知识类、对比类、产品合集类等在小红书上更受青睐的笔记，都可以采用图文形式呈现出来，方便新手博主打造内容。

②小红书视频号功能，流量扶持力度大，助力新手博主"涨粉"。

2020 年 8 月，小红书视频号正式上线。视频号的发布门槛很低，只要运营者账号粉丝量超过 500 个，发布过 1 分钟以上时长的视频笔记，没有违反小红书社区的规定，或者在其他平台上具有一定的影响力，就可以申请成为小红书视频号运营者。

小红书视频号的上线打破了小红书以往只能发布不超过 1 分钟时长的视频的限制，将视频时长增加至 15 分钟，并支持运营者建立视频合集。

同时，为了激励视频号运营者，小红书发布了许多视频教学课程，通过布置任务的方式让视频号运营者在完成任务的同时，实现创作进阶，并给予大量流量扶持。2023年年底，小红书推出"薯新星"计划，帮助新入驻小红书的创作者实现"涨粉"。

比如秋叶矩阵运营的某PPT教学新账号，入驻小红书发布4条笔记，粉丝就破万了，就是得益于小红书扶持计划的流量补贴。如果运营者本身掌握视频制作技能，或者在站外平台有一定的粉丝基础，那么入驻小红书发展会是一个非常好的选择。

③小红书算法友好，内容为王，0粉丝新号也能有"爆款"。

除却创作门槛低，小红书上手简单还有一个比较重要的原因，那就是它独特的算法机制，对运营者尤其是新手运营者来说，是非常友好的。

虽然小红书与抖音、知乎等平台一样，都是将作品放在流量池中检测，满足要求就将你的作品推入下一个流量池，以此来帮助你的作品获得更多的曝光。

不过相比于抖音、知乎等平台，小红书还有一个较为突出的优势，即发布笔记不需要有粉丝基础。即便是0粉丝，只要内容优质，作品也会被不断地推送给平台用户，这一点对新手而言非常友好，如秋叶写书私房课的学员赵黎老师（小红书ID：赵黎Grace）运营小红书账号1个月，粉丝就超过2万个，3个月接到广告邀约过百个，目前粉丝已经超过10万个；还有我们新运营的PPT教学账号"小雨在学PPT"，一周"涨粉"超5 000个，半年时间粉丝已超过10万个……

另外，还有非常重要的一点，小红书是基于用户的搜索行为来进行内容推荐的，也就是说，只要一篇笔记中包含用户搜索的关键词，这篇笔记就有很大的概率会出现在用户的面前。

不需要粉丝基础，基于用户的搜索行为进行推荐，再加上小红书双列信息流的展示页面，这些功能组合在一起能大大提升笔记的曝光率。对小红书账号的运营者来说，只要有优质的内容，"涨粉"绝非难事。

小结

普通人做自媒体，首选小红书，因为它有 4 大优势。

1. 用户人群质量高，消费能力强，博主能卖贵的商品。
2. "种草"社区属性强，内容领域多元，博主进入门槛低。
3. 用户消费欲望强，品牌推广需求旺盛，新手变现扶持力度大。
4. 算法友好，不露脸不拍视频，0 粉丝也能出"爆款"笔记。

2.1.2
适合素人博主起号的 10 大热门赛道

小红书内部领域众多，有许多热门领域颇受大家喜爱，如美妆、穿搭等。

但是这些领域对素人博主来说，具有一定的门槛，对颜值或者审美的要求较高，新手很难把控。

在秋叶小红书训练营中，经常会遇到学员问："我适合做什么博主？"，这个其实就是一个赛道选择的问题。本小节针对素人博主起号推荐了 10 大热门赛道，这些赛道在小红书有用户需求，且对新手起号来说，内容制作门槛较低，上手简单，也有一定的变现潜力。

1. 读书

对大多数人来说，做博主最难的一项就是持续地输出内容，而做读书博主就能很好地解决内容的问题，因为每一本书都可以作为内容的来源。常见的读书博主可以从易到难地去设计自己的内容和账号人设。

常见的读书博主内容可从"读书金句—书单推荐—读书笔记—读后感—视频讲书"逐步延展，打造自己专业的读书博主人设。图2-6所示为秋叶小红书训练营学员账号主页截图，该账号就是从读书金句开始做，在30天不到的时间里实现粉丝数量增长，并且实现了广告变现。

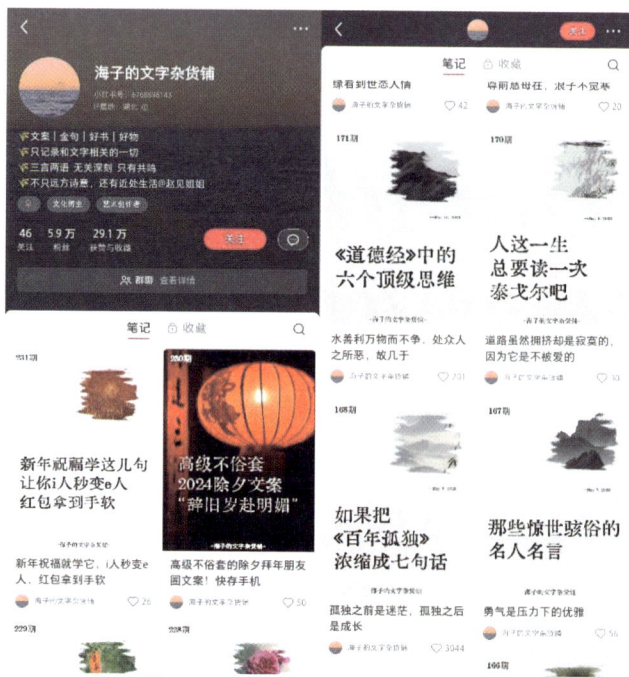

图 2-6   秋叶小红书训练营学员账号主页截图（一）

2. 减脂

减脂赛道是一个非常热门且变现价值高的赛道。做减脂博主无须多专业，可以从减脂打卡记录开始，逐步扩展到减脂餐打卡、减脂锻炼记录，甚至是运动跟练视频、减脂干货教程等内容，通过分享自己的减脂经验来更真实地展示自己，获得粉丝的认可，与粉丝建立更为紧密的关系，逐步将减脂发展成自己的专业领域。

对素人博主而言，记录每一步的减脂过程，不仅可以激励自己保持健康的生活方式，也能够促使更多粉丝迈向减脂的道路，共同成长。图 2-7 所示为秋叶小红书训练营学员账号主页截图，该学员在小红书上持续分享自己的减脂心得和干货，发布了 12 条笔记粉丝就突破了一万，并且在一个月内通过小红书售卖减脂训练营超百单。

3. 美食

美食领域是小红书热门领域之一，无论在哪一个平台，吃永远都是用户的刚性需求，美食教程、美食展示、美食探店，都是美食领域的内容范畴。美食领域可选择的细分领域非常多。比如，早餐、家常菜、健身餐、西餐、甜点、咖啡饮品、零食等。

在选择时不必囿于某一特定领域，前期可以不断在各个细分领域进行尝试，直至找到合适的领域和风格。图 2-8 所示为秋叶小红书训练营学员账号主页截图，该账号从创意美食切入，分享各类特色美食，吸引年轻人的注意力，仅千粉就已接到广告订单 30 余个，持续变现。

图 2-7　秋叶小红书训练营学员账号
主页截图（二）

图 2-8　秋叶小红书训练营学员账号
主页截图（三）

4. 职场

职场人群一直是各大平台的主流用户群体，职场领域的内容包含简历技巧、职场沟通、职场心得、面试话术、职场技能学习、管理干货等。每一个普通的职场人都可以分享自己在职场中的经验，还可以结合自己具体的职业或岗位，给他人启发和帮助，从而获得粉丝的关注。图 2-9 所示为小红书职场博主账号内容截图，该账号主要分享办公室经验心得。

5. 母婴

母婴领域非常适合素人妈妈，该领域包含非常丰富的内容，如母婴好物、育儿经验、早幼教、亲子游戏、宝宝辅食、亲子阅读、带娃 Vlog、孕产待产等。

　　女性从怀孕到宝宝成长的每个阶段，都可以用温暖、真挚的语言记录下育儿路上的喜悦和挑战，为其他父母提供有力的支持和建议，建立信任和共鸣。且母婴领域的变现价值非常大，小红书优质的女性人群是付费的基础。图 2-10 所示为秋叶小红书训练营学员账号主页截图，该账号通过在小红书分享育儿心得获得粉丝，并实现广告接单。

图 2-9　小红书职场博主账号内容截图

图 2-10　秋叶小红书训练营学员账号主页截图（四）

6. 家居

　　家居领域是小红书所有领域中合作报价相对较高的一个领域，在账号等级相同、粉丝数量不相上下的情况下，比起其他领域，家居领域可以获得的收益更多。对想要快速变现，但又没什么基础的素人号而言，家居领域无疑是一个值得入局的领域。不同于其他领域，家居领域可创作的细分类目非常多，对家居内容感兴趣的用户个性化需求非常强。

根据千瓜数据显示，当前比较火爆的家居领域热搜词有"室内设计""小户型""租房改造""小成本改造""阳台装修""餐边柜""卧室大改造""厨房装修""四件套""收纳""置物架"等。新手博主可以从某一个细小的主题开始。图 2-11 所示为小红书家居博主中的热门主题，非常适合素人起号。

图 2-11　小红书家居博主"新家的 100 个快递"主题

7. 影视综艺

很多人在日常生活中都喜欢看电影、电视和综艺，其实这个爱好本身就是可以通过自媒体放大，实现"涨粉"变现的。博主可以通过分享电影片单、影视金句、影视观后感来吸引有相同爱好的用户成为其粉丝。因为需求量大，所以此类账号的内容流量非常大，因此广告需求也不少。图 2-12 所示为秋叶小红书训练营学员账号主页截图，该账号通过分享优质纪录片、热门影视清单、观后感，实现了快速"涨粉"，并且广告邀约不断。

8. 健康养生

不知道你有没有发现，现在越来越多的人开始注重养生。年轻人爱熬夜、中年人压力大、老年人经常生病等问题，让身体的健康调养变得越来越重要。健康养生是一个人人都能做的赛道，可以分享的内容非常多。你可以分享养生动作跟练，例如八段锦、拍八虚、带领粉丝运动等；分享养生好物，例如气垫梳、护肝茶、颈椎按摩仪等；分享养生知识，例如如何补气血、去黄气等。

通过分享养生内容吸引粉丝，进一步实现"带货"或者广告变现。图2-13所示为秋叶小红书训练营学员账号主页截图，该账号分享养生干货，广告源源不断。

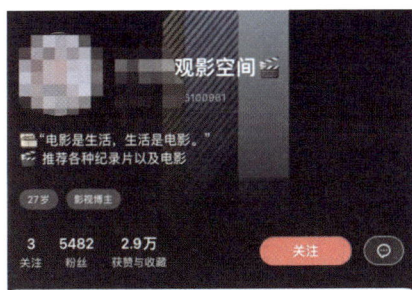

图2-12　秋叶小红书训练营学员账号主页截图（五）

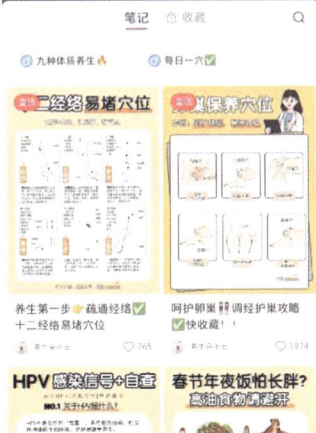

图2-13　秋叶小红书训练营学员账号主页截图（六）

9. 个人成长

个人成长领域是小红书上比较适合素人号入局的领域，也可以将其通俗地理解为知识领域。这一领域具体是指博主通过分享一些特定的内容，让用户在某一方面得到成长。只要博主分享的内容有干货，能够帮助用户解决一个问题，让他们懂得一个道理，或让他们某方面的技能得到提升，这一类内容就会受到用户的欢迎。

图 2-14 所示的该账号通过读书 + 女性成长的内容，分享女生在成长道路上要解决的一些难点问题，实现了账号的快速"涨粉"和变现。

10. AI 绘画

AI 绘画是新兴的热门领域，可以通过使用 AI 软件快速绘制作品，如头像、壁纸、漫画，甚至设计作品来吸引粉丝，从而进一步实现变现的目的。

因为 AI 绘图的速度非常之快，所以该领域内容输出的压力相对较小。图 2-15 所示为秋叶小红书训练营学员账号主页截图，该学员在很短的时间内快速制作了多个账号形成矩阵，现在每月广告订单收入超 5 000 元。由于此领域非常新，所以市场竞争其实还不激烈，很适合素人博主起号时尝试。

素人博主在起号时，首先要考虑的是自己能够做什么，而不是做什么能够赚到钱。如果素人博主选择的一个领域对自己来说门槛太高，那么起步就会变得非常困难。以上 10 个领域，都是秋叶小红书训练营在培训了多位素人博主之后得出的优质经验，素人博主可以选择一个适合自己的领域开始运营账号。

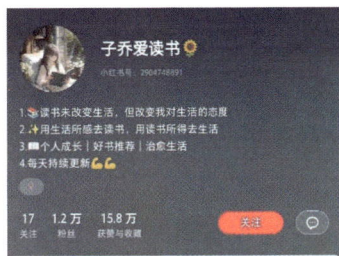

图2-14 秋叶小红书训练营学员账号主页截图（七）

图2-15 秋叶小红书训练营学员账号主页截图（八）

小结

素人博主起号，选择这 10 个赛道，更容易快速行动，实现"涨粉"变现。

1. 读书。

2. 减脂。

3. 美食。

4. 职场。

5. 母婴。

6. 家居。

7. 影视综艺。

8. 健康养生。

9. 个人成长。

10. AI 绘画。

选择你感兴趣或者能开始的赛道先行动起来。你不是因为厉害了才开始，而是因为开始了才变得厉害。向博主之路大胆迈进吧！

2.1.3
这 5 类人，零基础零粉丝也能脱颖而出

经常有人问："我适不适合做小红书？"，其实，做自媒体虽然门槛低，但有一些人天生要比别人更适合做自媒体。我们观察了近百位素人博主起号的经历，总结了他们身上共有的 5 种特质，如果你也拥有其中一到两种特质，且对做小红书有一定的兴趣，那就赶快行动起来。

1. 有分享欲和表达欲的人

内容输出是小红书博主的核心，有表达欲才会有好的原创内容。比如今天喝到了一杯好喝的奶茶，是喝完就过了，还是想把它分享给更多人？能不能用比较吸引人的方式把这杯奶茶分享出去？这些都是优秀的小红书博主思考的问题。表达欲是博主做内容分享时的基础和出发点。

2. 有一技之长的人

不管你是拥有手工、舞蹈、做饭、绘画、摄影、剪辑等技能，还是你的工作或者生活经历能给你提供谈资，比如企业人力资源（Human Resource，HR）可以分享招聘过程中遇到的应聘者减分

点或加分点，宝妈可以分享自己的育儿心得，留学生可以分享自己的外语自学过程或者名校申请流程等，这些对用户来说都是非常有价值的内容。拥有一技之长更容易吸引到同好和目标用户。图 2-16 所示为某博主小红书主页截图，其在小红书上通过分享手机摄影的视频教学内容，吸引了 3 万个粉丝。

3. 有自己产品的人

如果你拥有自己的产品或者合作的产品，比如课程、实体产品、虚拟服务等，那么你非常适合做小红书。小红书的"种草"特性和高质量的用户群体特征，是有产品的人变现的良好基础。

学会结合用户画像、痛点场景和产品需求撰写内容，能够很好地在小红书实现产品的"种草"和"带货"。图 2-17 所示为秋叶小红书训练营学员账号主页截图，该学员在小红书上通过分享自己的软装设计作品和设计心得，获得了精准的家装设计需求客户，即使粉丝量较少，也已经通过小红书接到了软装设计订单。

图 2-16　秋叶小红书训练营学员
账号主页截图（九）

图 2-17　秋叶小红书训练营学员
账号主页截图（十）

4. 有特定背景或特殊经历的人

优质博主都具备的一个特点就是内容和人设都有很强的记忆点，让用户能够对其产生深刻的印象。现在的博主内容同质化严重，如何让笔记脱颖而出？从自己最有特点的地方入手。因此有特定背景或者特殊经历的人，在内容创作上会具有独特的优势。图 2-18 所示为小红书博主主页截图，该博主有非常丰富的成长、创业经历，结合这些经历产出的"40 岁以上女性成长感悟"，具有鲜明的个人特色，在小红书获取了超 10 万个粉丝。

5. 有学习力且善于总结的人

除了上述四种人格特质，还有一种就是有学习力且善于总结的人，这类人常见于小红书知识博主赛道。很多素人起号时，做知识博主是一个很好的选择，可以通过边学习边输出，成为某个赛道的成长系博主。图 2-19 所示为小红书博主主页截图，该博主通过阅读书籍获取知识，并通过视觉笔记的形式将知识总结记录下来进行输出，获得粉丝的喜爱。

图 2-18　小红书博主主页截图（一）　　图 2-19　小红书博主主页截图（二）

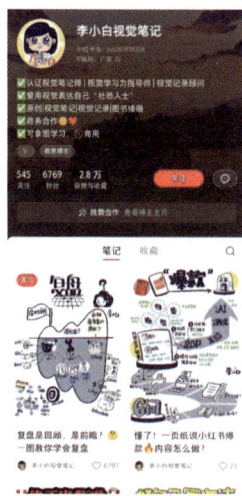

小结

素人做博主的 5 个优秀特质，有其中一到两个，就赶紧行动起来。

1. 有分享欲和表达欲的人。

2. 有一技之长的人。

3. 有自己产品的人。

4. 有特定背景或特殊经历的人。

5. 有学习力且善于总结的人。

2.2
素人博主定位：选离变现近的赛道

想要开始小红书的掘金之路，首先要有一个账号。这时候就有很多人犯了难。

经常有人会有这样的疑问：在小红书上做什么博主能赚钱？

其实这个问题就是一个赛道选择的问题，如果没有选对赛道，就很容易遇到以下 3 种情况。

1）做账号起步没信心：不知道自己做的方向对不对、合不合适、能不能变现。

2）日常更新没有灵感：发了几篇笔记就不知道能够继续发什么内容了。

3）后期变现难以持续：可能偶尔变现了一两次，但是难以持续。

所以说，如果你真正地开始做自媒体，一定要从精准的定位开始做。

但是定位并不是说，推荐的赛道你就能做、就能变现。

每个人的情况不一样，适合自己的才是最好的。

只有适合自己，才能快速启动，快速有结果。

本节将会介绍 3 种账号定位的方法，来帮助大家找到最适合自己的博主定位。

2.2.1

金字塔定位法：选对赛道，加速变现

从 2022 年 5 月开始，秋叶小红书训练营已经服务超过 5 000 名小红书学员，学员累计变现已经超过 1 500 万元，通过和学员的沟通交流，秋叶小红书训练营原创了一个新手博主如何做定位的金字塔（如图 2-20 所示），帮助学员更清楚地了解自己所处的阶段，做出更正确的选择。

扫码观看讲解
视频

秋叶小红书定位金字塔

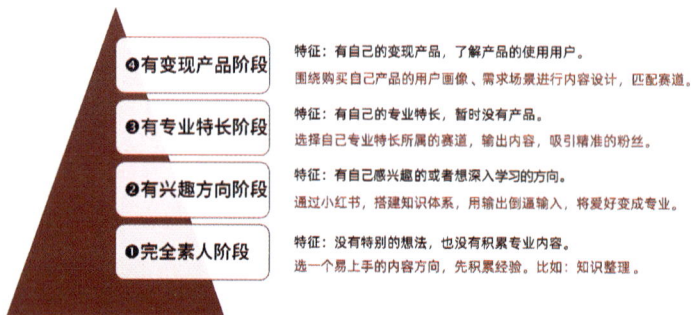

❹ 有变现产品阶段　特征：有自己的变现产品，了解产品的使用用户。
围绕购买自己产品的用户画像、需求场景进行内容设计，匹配赛道。

❸ 有专业特长阶段　特征：有自己的专业特长，暂时没有产品。
选择自己专业特长所属的赛道，输出内容，吸引精准的粉丝。

❷ 有兴趣方向阶段　特征：有自己感兴趣的或者想深入学习的方向。
通过小红书，搭建知识体系，用输出倒逼输入，将爱好变成专业。

❶ 完全素人阶段　特征：没有特别的想法，也没有积累专业内容。
选一个易上手的内容方向，先积累经验。比如：知识整理。

图 2-20　秋叶小红书定位金字塔

在小红书目前的红利期，每个人都有变现的机会，只是处在不同的阶段，变现的能力和起步的建议会不一样。

1. 完全素人阶段

完全素人阶段属于你确实不知道做什么赛道，没有什么兴趣爱好，也没有专业特长和变现产品的阶段，你只是觉得有那么多人在小红书都赚到了钱，感觉值得做一下。

这个阶段最缺的是内容输出能力和行动力。

要知道，当遇到一个在红利期的新媒体平台的时候，一定要抓紧行动，而不是等待，等你想好了，局势已经变了。

所以针对这一个阶段，建议大家：选择一个易上手的内容方向，先积累经验。比如做一个读书（知识）博主，通过看书，在提升自己的同时，也有了一定的内容输出来源。而且因为平台在红利期，你不用担心自己没法变现的问题，要知道在当下，有流量就有变现机会。

秋叶小红书训练营过往教了非常多零基础的学员，他们都在学习期间产出了显著的成果，自己也更加自信。图 2-21 所示为学员账号主页截图，该学员从零开始做读书账号，"涨粉"近5 000 个，成功实现了广告变现。

这时候可能会有人说我不想做知识博主，我喜欢做某个领域。

那么恭喜你，你属于第二阶段。

图 2-21　秋叶小红书训练营学员
账号主页截图（一）

2. 有兴趣方向阶段

在这一阶段，你拥有自己感兴趣的或者想深入学习的方向。

处于这一阶段的学员的主要问题如下。

1）兴趣太多，不知道选哪一个。

2）储备不够，刚开始学习，没法持续输出。

3）没有产品却做了内容，好像没法变现。

所以我的建议是选择离变现近的赛道。

当你的兴趣太多，你不知道选择哪一个赛道的时候，就选离变现近的那一个赛道。

那怎么判断小红书离变现近的赛道有哪些？其实很简单，由小红书蒲公英后台截图即可判断，如图 2-22 所示。对平台来说，广告投放需求越大的赛道排名越会靠前。这样哪些赛道更容易接到广告、赚到钱就一目了然了。

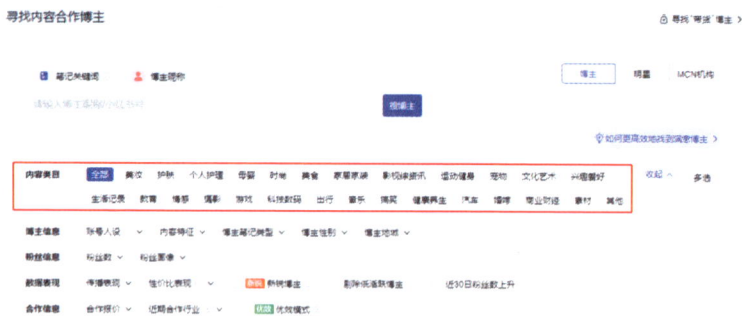

图 2-22　小红书蒲公英后台截图

针对自己感兴趣或者想深入学习的方向，但是还达不到专业的赛道。比如喜欢读书、运动、做减脂餐之类，在这种情况下，可以通过小红书，搭建知识体系，用输出倒逼输入，将爱好逐步变成专业。比如某学员在小红书分享自己读过的书，受到出版社编辑的青睐，经常收到出版社寄来的赠书，基本实现了纸质书自由，如图 2-23

所示。

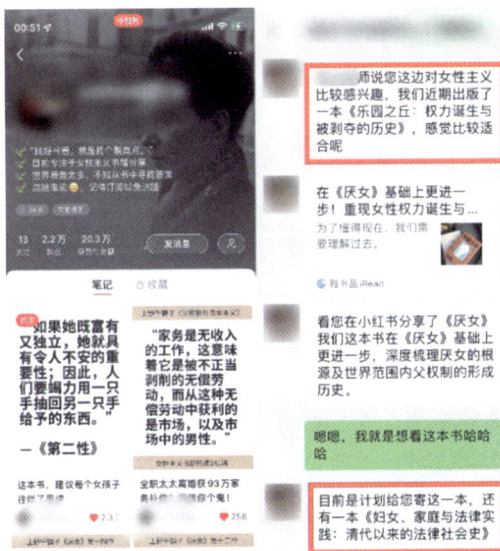

图2-23 秋叶小红书训练营学员账号主页截图（二）

还有学员在小红书上分享自己读历史书、学做PPT、绘画打卡等内容，都能够吸引到喜欢他们的粉丝。

对有兴趣的学员来说，你一定要学会通过自媒体去边学习边输出，当你得到正向的反馈的时候，这件事情就更加容易坚持下来。

3. 有专业特长阶段

处于这一阶段的学员在某个专业领域有自己多年的积累，但是暂时没有产品。这种情况下就适合选择自己专业特长所属的赛道，输出内容，吸引精准的粉丝。

有一位学员是营养师，她通过输出营养学方面的专业知识以及育儿知识，在只有几十个粉丝的时候就接到了硅胶枕头的广告邀约，如图2-24所示。

图 2-24　秋叶小红书训练营学员账号主页截图（三）

在这一阶段的学员，应加强自己优质内容的输出，先吸引精准粉丝，得到用户反馈的需求，再根据用户的需求去制作产品，更容易实现低成本变现。

4. 有变现产品阶段

处于这一阶段的学员有自己的变现产品，有清晰的变现路径。这个阶段的学员做小红书，可以围绕自己产品的购买用户画像、需求场景进行内容设计，匹配赛道。比如某学员有自己的减肥训练营，运营小红书一个多月就通过小红书引流获客变现超过 30 万元，该学员账号主页截图如图 2-25 所示。

有产品的人在做小红书的时候，坚

图 2-25　秋叶小红书训练营
学员账号主页截图（四）

定选择以自己产品为主的赛道即可，除非该产品太过小众或者在小红书没有市场。

如何验证自己的产品品类在小红书是否有市场？

很简单，带着品类关键词去小红书搜索，看搜索出来的笔记中"爆款"的笔记是否较多，如果"爆款"笔记较多，那么就证明该品类在小红书是有市场的。"爆款"笔记是指在小红书发布后点赞量大于一万个或者收藏过千的笔记。

小结

用金字塔定位法，清晰识别自己当下阶段，做出正确的定位选择。

金字塔定位法有 4 个阶段。

1. 完全素人阶段。

选一个易上手的内容方向，先积累经验。比如：知识整理、金句摘抄等。

2. 有兴趣方向阶段。

通过小红书，搭建知识体系，用输出倒逼输入，将爱好变成专业。

3. 有专业特长阶段。

选择自己专业特长所属的赛道，输出内容，吸引精准的粉丝。

4. 有变现产品阶段。

围绕自己产品的购买用户画像、需求场景进行内容设计，匹配赛道。

2.2.2

优势四宫格：把经验和爱好变现

继上一小节介绍了金字塔定位法后，你已经对自己的赛道方向有了初步的认识。本小节将介绍一个实用的工具——优势四宫格，它将帮助你重新认识自己，把爱好和经验转化为离变现近的赛道细分方向。

1. 构建优势四宫格

优势四宫格是一个简单而有效的工具，它帮助你从 4 个维度审视自己的优势，为定位提供清晰的方向。这 4 个维度如表 2-2 所示。

表 2-2　优势四宫格 4 个维度

产品资源	技能经验
兴趣爱好	日常必做事项

1）产品资源。审视你手上拥有的资源，如独特的产品、服务或者内容。思考哪些资源可以立即变现，哪些是你的独特卖点。例如，自制的美食配方、独家设计的手工艺品，或者原创的音乐作品。

提问引导话术：你能提供什么产品或服务？你有哪些资源是别人难以复制的？你的产品中有哪些是市场上独一无二的？

2）技能经验。回顾你在特定领域的专业知识和经验。考虑你的技能如何解决别人的问题，以及这些技能在市场上的稀缺程度。例如，你可能擅长平面设计、烹饪或者语言教学。

提问引导话术：你对哪些领域有深入的了解？你有哪些经验是经过长时间积累的？你的技能能够解决哪些具体的问题？

3）兴趣爱好。思考你真正热爱做的事情，以及这些爱好如何为他人带来价值。分析哪些兴趣在小红书上受欢迎、有潜在的受众基础。例如，你可能对旅行、阅读或者摄影充满热情。

提问引导话术：你在业余时间喜欢做什么？哪些爱好，哪怕不擅长，也能让你感到充实和快乐，并愿意持续做？

4）日常必做事项。梳理你的日常生活，找出可以转化为内容的点。如育儿经验、健康饮食、生活小窍门等。例如，你可能每天都在研究如何节省家庭开支、如何提高工作效率或者如何保持健康的生活方式。

提问引导话术：你每天都会做哪些事情？哪些日常活动可以转化为有价值的内容？你的日常经验如何能够帮助他人？

2. 列清单填充四宫格

以某学员为例，他对插画有浓厚的兴趣，其优势四宫格就可以按照以下方式填充，如表 2-3 所示。

表 2-3　某学员的优势四宫格 4 个维度

产品资源	技能经验
● 原创插画作品 ● 手绘教程 ● 个性化定制服务	● 插画设计 ● 色彩搭配 ● 教学经验
兴趣爱好	日常必做事项
● 绘画 ● 阅读插画书籍 ● 收集艺术品	● 每天练习绘画 ● 浏览插画作品 ● 制作教程

3. 相似项取交集，确定定位细分方向

由表 2-4 可知，对该学员来说，他的 4 个维度都围绕着插画、绘画、手绘等相关内容，因此可以定位为"插画定制"，在小红书上分享自己的插画作品，提供插画教程，以及分享绘画心得，并提供定制接单入口，方便变现。

表 2-4　优势四宫格标注相似项

产品资源	技能经验
● 原创插画作品 ● 手绘教程 ● 个性化定制服务	● 插画设计 ● 色彩搭配 ● 教学经验
兴趣爱好	日常必做事项
● 绘画 ● 阅读插画书籍 ● 收集艺术品	● 每天练习绘画 ● 浏览插画作品 ● 制作教程

小结

通过构建和填充优势四宫格，你可以更清晰地认识自己的优势所在，找到与自己经验和爱好相匹配的赛道方向。这不仅有助于你提升内容的吸引力和影响力，也为你后续变现明确了方向。

2.2.3

账号对标 3 字法：靠近"爆款"才能成为"爆款"

某学员是一位特别喜欢烹饪的学员，但她发现，自己虽然知道了方向，但对笔记具体发什么、怎么发，还是摸不着头脑，发内容纯靠感觉，也没法判断做得对不对、好不好。

其实，想在小红书上火起来，不仅要有好的内容支撑，还得学会一个诀窍：账号对标 3 字法。

什么是对标？简单来说，就是找到那些在你的赛道上已经跑得飞快的优秀账号，看看人家是怎么做的，怎么去吸引用户的，学学人家的招式，才能少踩坑、少走弯路。

为了方便理解，本小节以该学员的情况为例，详细梳理一下"搜拆仿"的具体使用方法。

1. 搜——搜索小红书上的同行标杆

"搜"指在小红书上，搜索找到相似领域的优秀内容和账号。既能帮你了解本领域笔记在小红书的受欢迎程度，也能找到优质的参考学习对象，避免盲目尝试和浪费时间。

具体怎么做？

确定赛道：按照前文的方法，明确好自己的内容方向，比如旅行攻略、日常穿搭等。

搜索关键词：在小红书搜索框中输入赛道关键词，查找高互动的笔记，并顺藤摸瓜找到排名靠前的优质博主，他们通常是该领域的佼佼者。

选定对标账号：选择和自己方向相对接近且更新节奏、风格符合自己能力水平的账号，作为对标账号。

比如该学员就是在确定赛道方向为"家常菜谱"后（赛道＋关键词），在小红书直接进行搜索，找出热度较高、排名靠前的笔记和账号，最终选定具体学习对象的。

2. 拆——拆解标杆账号和笔记的特点、优势

"拆"指对搜寻到的优秀账号和笔记进行深入分析及拆解，从笔记结构、视觉效果、互动技巧多个维度进行拆解，理解优秀账号的成功做法，借以提升自己内容的质量和吸引力。

从哪些维度开始拆解？

内容方向：分析标杆账号日常偏向于发哪些话题，互动数据好的话题是哪些，以及这些话题为何能吸引大量关注。

视觉效果：学习标杆账号使用的图片风格、视频剪辑技巧等，

以及如何通过视觉效果吸引用户停留。

笔记结构：学习标杆账号开头如何吸引人、中间如何展开、最后如何收尾，理解其思路。

互动技巧：了解标杆账号是如何与粉丝互动的，比如评论区的回复方式、如何引导粉丝参与互动等。

该学员重点研究的是对标博主的内容和互动情况。经过研究发现，优质博主通常以简单易懂的菜名作为标题，开头不会太复杂，直接就介绍今天为什么推荐某道菜，吸引用户阅读。而且互动非常频繁，几乎每一条用户评论都会回复，非常值得学习。

3. 仿——学习效仿优质博主的结构、思路，结合自己的特色产出

"仿"指在拆解的基础上，吸收优秀经验和技巧，并结合自身特色进行内容创新。

①模仿可参考的元素。

比如封面排版、话题选择等。

②结合自身特色。

比如选择与优质博主类似的话题，但分享自己的真实经历、感悟、故事、方法技巧，保持内容的原创性和个性。

③小范围测试。

融合行业内"爆款"对标笔记的优势后，形成多种风格的笔记，分次发送，观察用户的反应，并根据数据反馈，确定后续风格。

该学员参考了对标博主的拍摄视角和热门菜品，但是自己会在每道菜视频教程的结尾，提供一个文字版的对照教程，方便用户截图学做菜，很受用户欢迎，"涨粉"速度也很快。

> **小结**
>
> 通过 3 个步骤——搜、拆、仿，可以更系统地学习和借鉴同行业成功账号的做号经验。
>
> 但请你始终记住，你永远是你自己，就像学生可以借鉴优秀同学的提分方法，但作业、考试绝不能抄袭照搬。

2.3
素人人设打造：妙用 AI 包装，冲出重围

2.3.1
5 个维度立记忆点：和同行形成差异

"小红书博主千千万，我该如何脱颖而出呢？"

每个领域都会有很多博主做着同样的赛道，大家的内容都很有价值，那用户为什么关注你，不关注别人？一定是因为你某个点更容易被记住。比如同样是教大家做美食的美食博主，如果你做美食穿着旗袍出镜，这给他人留下的印象是不是就非常深刻？所以，想从万千博主中脱颖而出，一定要在人设记忆点上下功夫。

给大家分享 5 个打造人设记忆点的维度。

1. 固定形象

第一个维度就是固定形象的设置。其实每个人自带的身份有所

不同，有的人是学生，有的人是医生，不同的身份和不同的博主领域匹配都会产生不同的化学反应，加强记忆点。例如，同样做美食博主，一个是做情侣身份的二人食，另一个是做独居身份的一人食（如图 2-26 所示），就圈定了不同的人群。

图 2-26 以固定形象打造记忆点

常见的一些固定形象包括学生、自由职业者、程序员、医生、教师、创业者、全职妈妈等。

2. 视觉形象

第二个维度是视觉形象，不限制于博主的穿搭视觉形象，居住环境等都属于视觉形象。用户在查看博主的内容时，第一眼就会看到封面，而封面上的视觉就会带来很强的冲击力和记忆点。图 2-27 所示是一个家居博主，其所呈现的封面中就有非常鲜明的视觉形象——戴卫衣帽子、黑色墨镜，将人像放在角落，和众多只"晒房子"的博主之间形成了差异。

这算是抄袭、借鉴还是偷？ ♡ 472

怕柜子和门选翻车的都给我看！ ♡ 1133

图 2-27　以视觉形象打造记忆点

3. 语言特色

和视觉形象一样有冲击力的就是声音。大多数博主都会在自己的视频中出镜，也就会出现声音。在生活中，我们也经常能通过一个人的声音识别这个人是谁，因此，一个有特色的语言风格，也会让你具有差异化的记忆点。常见的语言风格有方言、英语、普通话等。试想一个穿搭博主，说着东北话给你介绍穿搭，是不是也很有意思。

除了方言会呈现不同的风格，固定的一些语句，也能成为一个博主特色的语言风格。比如一个教制作 PPT 的博主，每次在视频开头或者结尾，给一句固定的口号，如"30 天让你的 PPT'卷'翻同事"（如图 2-28 所示），是不是也能

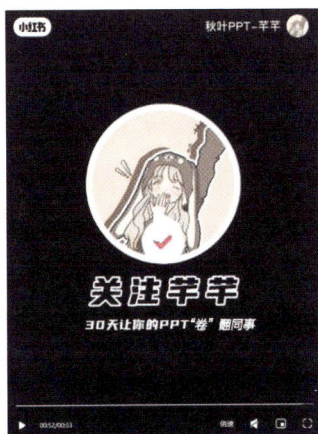

图 2-28　以语言特色打造记忆点

给你留下深刻的印象。

4. 音乐氛围

第四个可以打造记忆点的方式，就是用音乐。一首好听的音乐，瞬间就能将你代入某个固定的场景，这也是影视剧常用的手段。常见的一些配乐风格和类型有轻音乐、流行音乐、广场舞音乐等。

做博主的时候，也可以从找到一首专属的背景音乐开始，去打造自己和其他博主的差异化。不过也要注意音乐的版权问题，可以购买音乐版权或者使用免费音乐网站的音乐。

5. 性格特征

最后一种方式就是塑造鲜明的性格特征，比如小红书中有一些博主会以暴躁易怒的性格来进行内容的输出，让你感觉这个博主"敢爱敢恨"，其实这种性格特征的呈现，一定程度也会给你带来情绪价值，让你对他的认同感更强。

常见的性格特征有犀利毒舌、温柔、搞笑、接地气等。图 2-29 所示的一个学习博主，就和其他塑造积极向上氛围的学习博主不同，其采用展示怒气的学习氛围，来营造一种更真实的人设，赢得了一批粉丝的喜爱。

怨气冲天学习vlog 第四十二天　　　　怨气冲天学习vlog第四十一天
♡ 1290　　　　　　　　　　　　♡ 2307

图 2-29　以性格特征打造记忆点

了解了以上 5 种打造记忆点的方法后，你可以通过这些方式梳理自己的优势特点、性格特征等，融入小红书的笔记内容创作中，让更多的粉丝对你产生深刻的印象。表 2-5 所示整理了几十种新手人设方向，作为参考。

表 2-5　新手人设方向参考

新手人设方向参考

人设名称	人设记忆点	人设名称	人设记忆点
购物达人	独特穿搭风格	摄影达人	捕捉瞬间美好
美食家	搞笑解说	手工艺人	创意 DIY
旅行探险家	轻松背景音乐	宠物训练师	萌宠趣事
健身教练	健硕的身材	园艺师	绿植美化生活
美妆专家	精致妆容	舞蹈老师	优美舞姿
家居设计师	温馨的家居风格	语言学者	方言特色
心理咨询师	积极正能量	数码测评师	科技前沿
书评人	阅读心得	环保倡导者	绿色生活理念
厨艺大师	美食教程	旅游规划师	实用旅行建议
时尚博主	时尚趋势	生活达人	实用生活小窍门
学霸	学习心得	音乐爱好者	音乐故事
亲子教育专家	亲子活动	运动员	健身动态
美妆博主	美妆秘籍	旅行家	旅行见闻
家居顾问	家居美学	多语种达人	语言技巧
心理讲师	心理建议	数码达人	数码使用技巧
读书人	书籍感悟	环保专家	环保小贴士
美食探索者	美食推荐	旅行达人	旅行趣事
时尚观察员	时尚新闻	生活家	生活感悟
学习助手	学习方法	音乐教师	音乐推荐
亲子游戏师	亲子互动	运动教练	运动心得

人设名称	人设记忆点	人设名称	人设记忆点
美妆对比师	美妆对比	旅行记录者	旅行攻略
家居生活家	家居小技巧	多语种爱好者	多语种学习
心理分析师	心理知识	数码爱好者	数码产品分享
读书达人	阅读分享	环保实践者	环保生活方式

在打造记忆点的过程中一定要记得基于真实的自己，而不是制造假象。毕竟想要长久地经营小红书，装和演都不是长久的，做自己才是最能坚持下去的方法。

小结

掌握 5 个维度，打造自己的专属记忆点，提升粉丝黏性。

1. 固定形象：每个博主自带的身份特征就可用于设置固定形象。

常见的一些固定形象包括学生、自由职业者、程序员、医生、教师、创业者、全职妈妈等。

2. 视觉形象：不论是你的穿搭，还是你居住的环境，都是能够通过视觉表现你差异化的方式。比如戴帽子、墨镜，喜欢抱着一个玩偶等，都是通过视觉呈现的方式来加强差异化特征的。

3. 语言特色：使用方言，不同的语言体系，或者固定的标语话术，都可以形成博主的语言特色记忆点。

4. 音乐氛围：找到一首专属的背景音乐，让用户听到音乐就能想到你。

5. 性格特征：通过展现不同的性格特征，例如犀利毒舌、温柔、搞笑、接地气等，来塑造自己的人设。

2.3.2
吸睛人设 4 要素：用 AI 放大你的价值

"为什么我的笔记有几百个点赞，却没有人关注我呢？"

笔记获得了数据，是因为内容质量本身，而想让用户关注你，必须让他们感知到你能给他们带来价值。那除了不断输出高质量的内容，如何能让用户感知到你能带来的价值呢？账号的包装非常重要。

想要获得别人的关注，就要让对方第一眼就能知道你是谁、你能带来什么。账号名称、头像、简介和背景图这 4 个要素设计能够大大提升账号粉丝增长的效果。

1. 一个好名称，让用户第一眼识别你

试想一下，当你想了解读书相关的内容时，看到以下两个账号名称，你会更容易关注哪个账号？

名称一：又时一夏。

名称二：桃气读书。

相信很多人都会选第 2 个名称，因为你更容易知道该账号是一个读书博主的账号。

一个好的名称，要符合以下 4 大原则，如表 2-6 所示。

表 2-6　好名称 4 大原则

序号	原则	具体阐述
1	简单易记 易于传播	好的名称长度不宜过长， 建议 2~5 字即可，不要过于复杂
2	拼写方便 便于搜索	好的名称一定要方便用户快速输入和搜索
3	平台一致 形象统一	在不同网络媒体和社区上 使用完全一样的名称，全平台同名
4	避免重复 便于搜索	在小红书搜索时， 若你的名称没有重复，就更容易被搜索到

基于这个原则，给大家总结了一个好上手、不会错、很有效的起名公式，即账号名称 = 专业领域或兴趣领域 + 昵称。如果你觉得这种起名方法太过单调，也可以看看表 2-7 所示的 5 种起名方法。

表 2-7　5 种起名方法

根据需求找方法	起名方法	案例
做个人 IP/ 自媒体	真名或者常用昵称	秋叶大叔、李筱懿
	兴趣领域 + 昵称或昵称 + 爱好倾向	开心妈妈讲绘本、都靓读书、铭哥说美食、小菜包爱学习、阿饭的独居生活
	专业岗位 + 昵称	皮肤科刘姨、HR 小弘哥
本地自媒体	地区 + 功能	武汉自由行、逛吃大北京
"带货种草"或品牌宣传	产品或品牌 + 昵称	飞墨设计师 - 王工
个人账号	不限	早啊影影、努力变更好

掌握了具体的起名方法后，代入 AI 提示词模板，你会发现起名不再是难题。以下为 AI 提问案例。

AI 提问案例

你是一个新媒体专家，我现在想做一个小红书育儿博主，需要请你按照下面 5 种起名公式，给我的账号起一个名字，每个公式起 5 个名字。

公式一：真名或者常用昵称。例如：秋叶大叔。

公式二：兴趣领域 + 昵称或昵称 + 爱好倾向。例如：开心妈妈讲绘本、都靓读书。

公式三：专业岗位 + 昵称。例如：HR 小弘哥。

公式四：地区 + 功能。例如：逛吃大北京。

公式五：产品或品牌 + 昵称。例如：飞墨设计师 - 王工。

AI 生成的回答

好的，根据您提供的信息和起名公式，我将为您的小红书育儿博主账号起一些名字。每个公式下，我会给出 5 个建议名字。

公式一：真名或者常用昵称。

名字一：乐乐妈妈。

名字二：小贝育儿。

名字三：欣欣宝贝屋。

名字四：明明亲子园。

名字五：小悦育儿分享。

公式二：兴趣领域 + 昵称。

名字一：智慧妈妈育儿记。

名字二：开心宝贝成长录。

名字三：育儿小达人朵朵。

名字四：亲子乐园甜甜圈。

名字五：宝贝成长小能手。

公式三：专业岗位 + 昵称。

名字一：育儿专家小慧姐。

名字二：亲子顾问小乐。

名字三：育儿导师小萌。

名字四：早教老师小星。

名字五：儿童成长顾问小美。

………（此处省略部分回答）

看到上面的回答，是不是觉得起名不再是一件难事。借助 AI 做自媒体，效率会成倍提升。你还可以根据表 2-8 对 AI 生成的名称进行自查，看看是不是符合起名原则。

表 2-8　起名打分表

你的小红书账号名称可以打几分？

小红书账号名称	好名维度	分数
××	你的小红书账号名称是否简单易记?（1分）	1
	你的小红书账号名称是否顺口易传播?（1分）	1
	你的小红书账号名称是否拼写方便易搜索（1分）	1
	你的小红书账号名称是否全平台统一?（2分）	2
	你的小红书账号名称是否在被搜索时能排在前列?（3分）	3
	你的小红书账号名称是否能让粉丝快速识别你是做什么的?（2分）	2
总数		10

2. 一个好头像，让用户第一眼喜欢你

第二个打造人设的要素，就是头像。头像本身并没有过多的限制，但是一定要与人设和定位风格吻合。好的头像能够帮助你快速建立与用户之间的信任感，从而增加你的粉丝数量。常见的小红书头像有 3 类。

①人物头像。

人物头像又可以分为真人头像、IP 漫画头像、手绘卡通头像。其中真人头像对想做 IP 的人来讲，会更有利于打造真实的人设，获得更多的信任感。职业的形象照会提升你在用户心中的专业形象，当然如果不想用正面照，也可以用生活照或者侧面照。

如果作为品牌，有一些自己的固定 IP，那么也可以直接用品牌的手绘 IP 等作为头像，提升品牌的识别度。

人物头像的 3 种呈现形式如图 2-30 所示。

真人头像　　　　　　IP漫画头像　　　　　　手绘卡通头像

图 2-30　人物头像示例

②文字类标志或者品牌标志头像。

这一类头像多见于企业或者工作室账号，能比较简单明了地展示账号定位或者品牌名称，如图 2-31 所示。

图 2-31　文字类标志或者品牌标志头像示例

③文艺风景图片或宠物图片头像。

如果是做的宠物类的账号，用宠物图片做头像是非常合适的，但是如果主要是做个人的 IP 账号，那么这一类头像就不太推荐了。这类头像示例如图 2-32 所示。

图 2-32　文艺风景图片或宠物图片头像示例

在所有头像类型里，从效果角度推荐大家依次选择人物头像、文字类标志或者品牌标志头像、文艺风景图片或宠物图片头像。其中，人物头像最能让人将照片和人设联系在一起，提升账号的可信度，拉近与粉丝的距离。

3. 一个好简介，让用户第一眼记住你

账号简介的核心作用其实就在解决一个问题："作为用户，为什么要关注你？"

这是一个很大的问题，简介只有 100 个字的空间，所以可以把它

具化成3个更细致的问题,来帮助用户识别账号的价值,如图2-33所示。

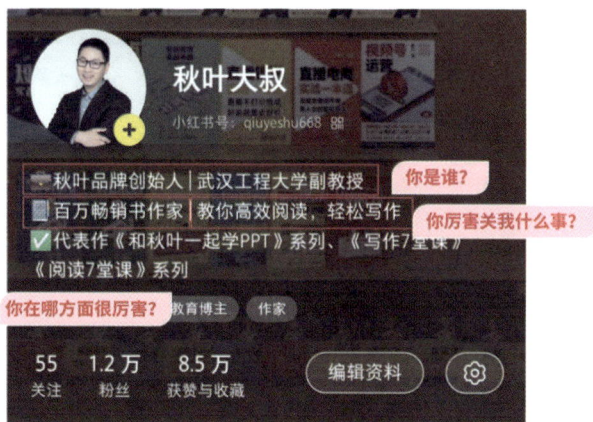

图 2-33　账号简介展示页

1）你是谁？ / 我们之间有什么相似之处？

2）你在哪方面很厉害？ / 你在哪方面有经验？

3）你厉害关我什么事？ / 你的经验可以给我带来什么？

但并不是人人都有瞩目的成就,所以基于这3个问题,和每个人所处的阶段不同,这里设计了3类简介模板,来帮助大家写出适合自己的账号简介。

①兴趣达人的简介如何写更让人喜爱。

兴趣达人要突出的不是自己的专业性,而是自己在坚持做这件事情,以及会给大家分享什么,真诚地表现自己,如表2-9所示。

表2-9　简介模板要点及示例（一）

序号	简介要点	示例
1	你是谁 有什么特点	30 岁以上职场妈妈 业余时间读书写作,自我提升
2	账号会做哪些内容	好书分享 | 成长干货 | 计划复盘 家庭育儿
3	个人具有特色的座右铭（非必需）	读书,世界就在眼前 不读书,眼前就是世界

在这个模板中，可能会遇到不知道可以分享哪些内容给用户这一问题，可以让 AI 帮你解决这一问题。

AI 提问案例

你是一个拥有十万粉丝的小红书育儿博主，可以分享哪些内容给用户？请用四字短语的形式呈现，请写 20 个。

AI 生成的回答

作为拥有十万粉丝的小红书育儿博主，可以分享以下 20 个四字短语形式的内容给用户。

早教启蒙

亲子游戏

营养辅食

睡眠指导

性格培养

情商教育

绘本推荐

家庭教育

早教资源

亲子阅读

孕期知识

分娩经验

育儿心得

…………（此处省略部分回答）

找不到有特色的座右铭怎么办？仍然可以交给 AI。

AI 提问案例

关于育儿的重要性，可以给我 5 个名人所说的金句，便于其作为我
账号简介中的座右铭吗？每句话不要超过 20 个字。

AI 生成的回答

当然可以，以下是关于育儿重要性的 5 句名人金句，适合作为您小
红书账号简介中的座右铭。

鲁迅：教育植根于爱。

陶行知：爱满天下。

罗曼·罗兰：一个人只能为别人引路，不能代替他们走路。

丰子恺：孩子的眼光是直线的，不会转弯。

杨振宁：成功的秘诀在于兴趣。

这些名人金句既体现了育儿的重要性，又富有哲理，能够很好
地展现你作为育儿博主的品位和理念。

是不是突然就不怕自己缺乏知识储备了？AI 可以快速地帮助
大家吸收运用学到的知识，提高学以致用的能力。

②专业人士的简介如何写更让人信任。

拥有专业能力的博主，一定要在简介中体现自己的专业性。有
一位学员就因为简介非常专业，在其发布第一条笔记后，就吸引
到一位情感心理咨询客户，实现了变现。专业型博主的简介模板如
表 2-10 所示。

表 2-10　简介模板要点及示例（二）

序号	简介要点	示例
1	你是谁 有什么特点	国家注册营养师、健康管理师、企业主私人营养师
2	你在哪方面很厉害 如何证明	6 年减脂私教经验，创业导师赋能超 1 000 位营养师成长变现
3	你能给用户什么 对用户有什么价值	饮食 + 生活方式 + 心理学减脂

③产品商家账号简介如何写让人更想找你买产品。

如果你已经有可以售卖的产品，并且准备以"带货"为主要的变现方式，那么在账号简介的包装上，就可以提前植入产品的信息和卖点，方便后期进行转化。卖产品的博主简介模板如表 2-11 所示。

表 2-11　简介模板要点及示例（三）

序号	简介要点	示例
1	你是谁 主要卖什么产品	手机壳测评博主 解锁各种好看的手机壳
2	你的产品有什么独特之处	原创设计，禁止搬运
3	如何购买你的产品	购买产品请私信

简介可以随着博主本人的成长，逐步优化和迭代。

4. 一个好背景图，让用户进一步了解你

完成了账号名称、头像和简介的设置后，还有一个要素可以帮助你更多地展示自己，就是账号的背景图。小红书账号的背景图是天然的广告位，也是你可以再次加强和用户之间信任的地方。小红书背景图展示页如图 2-34 所示。

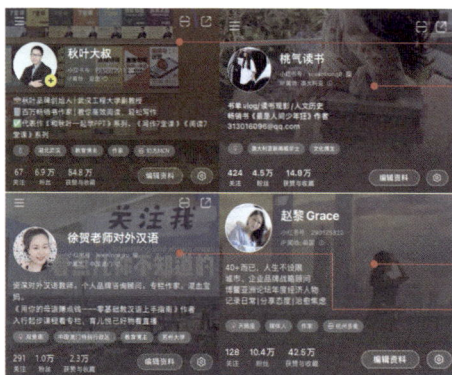
图 2-34 背景图展示页

选择一个好的背景图有 3 大原则。

①权威证明。

背景图可以放你简介中权威信息的相关证明图。比如你出过的书、拿到的证、名人的授权合影，进一步补充和证明你的权威性。图 2-35 所示的账号在简介中提到自己是作家，因此背景图即为其出版的图书，很好地辅助证明了这一点。

图 2-35 账号背景图示例（一）

②体现真实。

除了通过人物头像体现真实，背景图可以继续使用符合账号定位风格的图片。

③突出利益。

如果你有明确可以提供给用户的利益，可以把背景图变成广告墙，引导用户关注。图2-36所示的博主就将自己的对外汉语课程放到了背景图上。

图2-36　账号背景图示例（二）

在制作小红书账号的背景图时，注意背景图只有在下拉主页后才会完全展示。并且背景图上传后，默认有暗色蒙版滤镜，如果图片上有文字，文字需要亮色或显眼一些才能清晰可见。

在完成账号名称、简介、头像以及背景图的包装之后，一个专属于你的小红书账号就诞生了，你就可以开启博主的内容运营之路了。

小结

做好账号包装的 4 要素，你也能打造一个"吸粉"的账号人设。

1. 账号名称：一个好上手、不会错、很有效的起名公式，即账号名字 = 专业领域或兴趣领域 + 昵称。

2. 账号头像：人物头像带来的真实感，其他头像无法替代。

3. 账号简介：3 个问题，帮你快速写出"吸粉"的账号简介。

   你是谁？ / 我们之间有什么相似之处？

   你在哪方面很厉害？ / 你在哪方面有经验？

   你厉害关我什么事？ / 你的经验可以给我带来什么？

4. 账号背景图：3 个选择原则——权威证明、体现真实、突出利益，用账号背景图让用户进一步认识你。

AI 提效:

打造"赞藏"破万的小红书图文笔记

3.1
新手必知的 3 个小红书"爆款密码"

停！停！停！别急着翻页！

在你翻阅本书之前，不会还在百般纠结用什么账号名称、简介，才能突出你的人设吧？那你可真就搞错重点了！

有太多这样的创作者，刚开始做小红书，脑子里有很多想法，对账号的方向、人设的性格和特点，都规划得明明白白，甚至每个字、表情、标点都要斟酌再三。

结果呢？别人早早开始发笔记、"涨粉"的时候，自己还在纠结用词，该用"创新"，还是"创造"，耽误了时间。

3.1.1
怎么让用户记住你——主页美化

想让用户记住你，一眼认出你，光靠简介里几句话的描述，远远不够，你需要在每一篇日常笔记中展示你的人设，并不断强调放大人设。

所以为了让主页更具有诱惑力，你得做到以下几点。

扫码观看讲解
视频

1. 发布有针对性的笔记

你的小红书不是一个杂货铺，不要什么都写，什么都卖。

聚焦于你选择的领域或人设，用有价值的内容，吸引那些同样对这个领域感兴趣的人群。比如，你热衷于旅行，那就用你的旅行故事或某地旅游攻略来吸引同样热爱旅行的用户。让你的每一篇笔

记都紧紧围绕着这个主题展开，展现你在这一领域的独到见解或经验总结。

不要东一榔头，西一棒槌，那样只会让你的主页显得杂乱无章。

2. 统一视觉体验

人是视觉动物，对好看、整齐的画面，有着天生的好感。如果画面元素毫无规律，则容易产生割裂感，但如果视觉上十分统一，则有利于用户产生好印象，如图 3-1 所示。

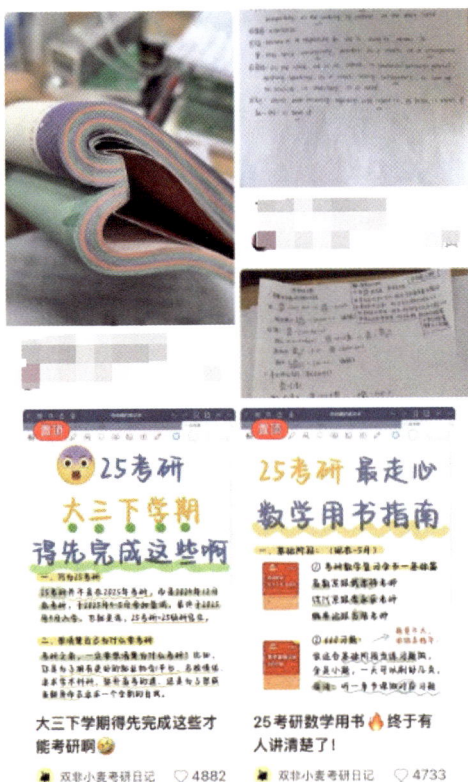

图 3-1　错误视觉呈现与正确视觉呈现

所以，你的封面，从配色到字体，从图片风格到布局设计，从图文到视频，如果都能围绕你的人设来精心设计，大体风格保持一致，会极大地提高用户查看你主页时的愉悦感。

比如你想打造专业感，就少用点卡通字体或过于可爱的元素，简洁沉稳的色调会更加适合你；如果你想形成个人品牌，就多真人出镜，让用户对你产生印象，这样一来，每次用户看到你的内容，都能立刻联想到你，形成强烈的记忆点。

3. 定期且有节奏地更新

就像喜欢的电视剧固定更新一样，用户也会期待你的内容能定期出现，并与他们的时间线契合。

不要让你的潜在粉丝忘了你。找出用户最可能浏览小红书的时间段，比如早晨刚醒来、午休时分、晚上下班后，这些都是黄金时段，可以在这些时段定期更新笔记。持续地、有节奏地发布新内容，不仅能让你的账号保持活跃度，还能帮助你建立起用户的期待感。

每次更新笔记时，都是一个与用户建立情感连接的机会。通过分享你的经验、故事、见解，让用户感受到你的独特魅力。当用户因为喜欢你的内容而反复访问你的主页时，他们就有可能成为你的忠实粉丝。

主页美化最终的目标，不仅仅是让用户记住你，更重要的是让用户来了就舍不得走，通过笔记，爱上账号的优质内容，更爱上账号背后，你这个真真实实存在的人。

3.1.2
如何让平台推荐你——解读算法

当小红书博主遇到瓶颈时，会进入一个特殊时期，俗称"创作迷茫期"，具体表现为逐渐相信"流量玄学"，开始通过各种奇奇怪怪的方法和技巧，来提高自己的曝光度和关注度，如图 3-2 所示。

扫码观看讲解
视频

不用关注，点赞就行，一定会回❤️❤️❤️赞赞
赞赞赞赞赞赞赞赞赞赞赞赞赞赞赞赞赞赞赞赞
赞赞赞赞赞赞赞赞赞赞赞赞赞赞赞赞赞赞赞赞
赞赞赞赞赞赞赞赞赞赞赞赞赞赞赞赞赞赞赞赞
赞赞赞赞赞赞赞赞赞赞赞赞赞赞赞赞赞赞赞赞
赞赞赞赞赞赞赞赞赞赞赞赞赞赞赞赞赞赞赞赞
赞赞赞赞赞赞赞赞赞赞赞赞赞赞赞赞赞赞赞赞
赞赞赞赞赞赞赞赞赞赞赞赞赞赞赞赞赞赞赞赞
赞赞赞赞赞赞赞赞赞赞赞赞赞赞赞赞赞赞赞赞
赞赞赞赞赞赞赞赞赞赞赞赞赞赞赞赞赞赞赞赞

图 3-2　小红书"玄学"式求流量

要想让平台推荐你的笔记，就必须了解小红书流量推荐机制的关键点，以便对症下药。

小红书流量从哪来？ 主要是 3 个渠道——发现页、关注页和搜索页。其中，发现页是主要流量渠道。

1. 发现页流量

平台根据笔记本身的受欢迎程度，决定是否给笔记增加曝光。小红书发现页入口如图 3-3 所示。

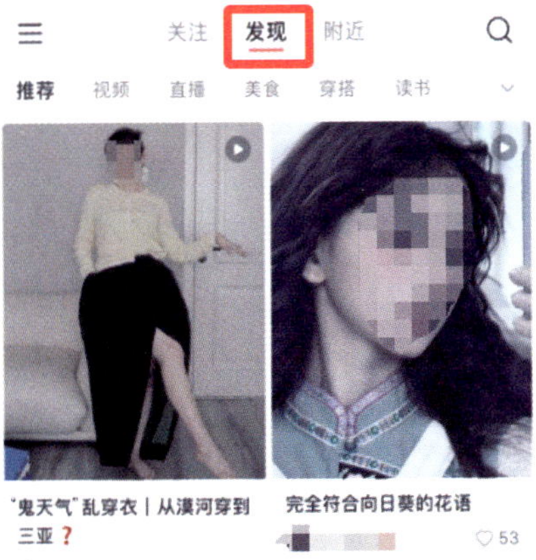

图 3-3　小红书发现页入口

发现页流量涉及小红书流量推荐机制。

通常，小红书会为新发布的笔记提供一个初始流量池，以此作为测试笔记质量的基础，并根据内容的互动表现决定是否进一步推广。

例如，一篇笔记假如初次被推荐给 200 人，其中，100 个人进行了查看、点赞，收藏等互动行为，小红书审核机制判断，这篇笔记受欢迎，是优质笔记，会将这篇笔记再推给 1 000 个人验证反馈，以此类推。

小红书通过什么来决定要不要给你更多流量？

在遵守平台规则的前提下，你的笔记值不值得推荐给更多用户，总得有个参考依据，不能靠感觉，这个依据是什么？就是每篇笔记的互动数据表现——平台通过笔记发布后的点赞、收藏、评论等互动情况，去判断笔记的受欢迎程度，决定是否将笔记推到下一个流量池。

根据点赞数 ×1 分＋收藏数 ×1 分＋评论数 ×4 分＋转发数 ×4 分＋关注数 ×8 分，评分越高，进入小红书推荐池的机会越大，这就是所谓的顾客费力指数（Customer Efforts Score，CES）评分标准。

由此可知，**笔记被推荐给更多用户的关键，就是看你的笔记，符不符合平台需求，够不够讨用户喜欢。**

小红书一般会优先推荐日常遵守规章制度、提供实际价值、用户好评度高的博主或笔记。

所以，做小红书，想出"爆款"，前提是别违规，务必研究仔细小红书社区公约里的规则，勿踩红线。

另外，重中之重，你需要持续发布优质笔记，发了笔记，平台才能检测到你的笔记，用户才可能看见你的笔记。发笔记时，切忌发个人流水账，你得发布用户实实在在关心的内容、对用户有帮助的干货，用户才会点赞、收藏、评论、转发。

2. 关注页流量

依靠过往粉丝的积累，粉丝越多，阅读基数也会更大。小红书关注页入口如图 3-4 所示。

新发一篇笔记，小红书会优先将笔记推送给你的粉丝，或跟你粉丝标签、特征相似的特定人群，你的笔记就更容易获得优秀的互动数据，形成"爆款"。

所以，围绕特定人群，持续输出相关内容，才能更好吸引粉丝。

3. 搜索页流量

若你的关键词和用户日常搜索或查询用词匹配，也能为你的

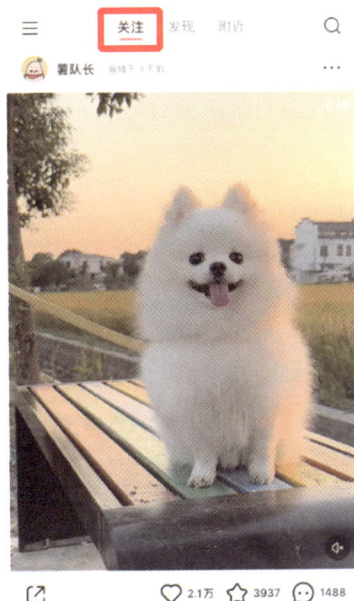

图 3-4　小红书关注页入口

笔记带来额外的曝光。小红书搜索页入口如图 3-5 所示。

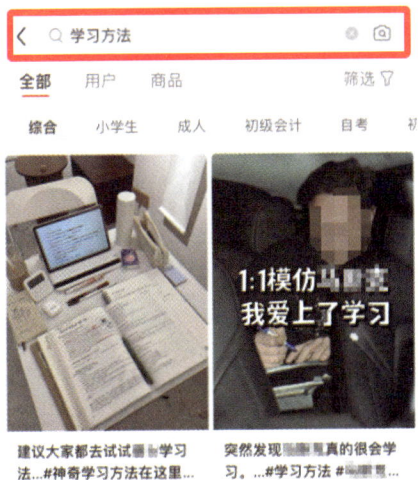

图 3-5　小红书搜索页入口

小红书作为一个内容社区，因真实的用户反馈和经历分享，现在已经逐渐成为年轻用户解决问题和获取信息的平台。

根据小红书数据中台，每日至少有60%的用户进行过搜索行为。

如果你的笔记，包含了和主题相关的搜索词，被有需求的人精准搜索到，也会形成不小的曝光。很多秋叶小红书训练营的学员就常常反馈：3个月前发的笔记，现在还有曝光度。所以，日常写笔记一定要养成关键词植入意识，多植入用户关心的关键词。

解读完小红书的流量来源、算法机制，再来打磨优质笔记、持续围绕特定人群输出，并植入方便用户搜索的关键词，"蹭流量"就轻松得多。

3.1.3

怎样让粉丝关注你——笔记打磨

笔记打磨5要素如图3-6所示。

1. 选题：主动创造与用户的话题

挑选话题不要仅限于表面的琐事，应挑选用户感兴趣的话题。

就像去约会前做功课，多准备些对方喜欢的，或最近的热门话题，将这些话题融入你的笔记，迎合用户的喜好。

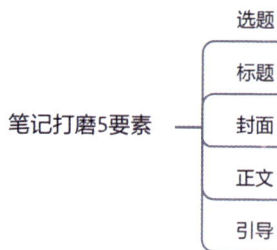

图 3-6　笔记打磨 5 要素

2. 标题：第一印象，至关重要

一个吸睛的标题十分重要。

笔记标题直接决定了用户想不想开始阅读你的笔记。标题既需要有吸引力，让用户立马注意到你，又要简洁明了，让用户明白你在表达什么，让人一看到标题就忍不住想点进去深入了解。

3. 封面：让人一见钟情的外表

封面就像约会时的装扮，好的封面能让人一见钟情。

使用高清、有吸引力的图片做封面或者采用图文结合的方式，确保笔记能脱颖而出。

4. 正文：用真才华，俘获用户"芳心"

无论是专业知识、生活小窍门、美食旅行攻略还是学习心得，你得在笔记中展示实在的内容，才能吸引用户。同时，笔记讲述方式要像和朋友聊天一样自然、风趣，使用生活化比喻、翔实案例，让用户在笔记里轻松学到东西。笔记段落要清晰，让用户可以轻松跟上你的思路。

5. 引导：给下一次"约会"，铺垫机会

在笔记结束时主动加上引导语，可以是引导用户留言、分享你的笔记，或引导他们关注你。就像与对方相见后的二次邀约，为持续地吸引用户铺垫机会。

3.2
小红书素人爆文率核心：AI 提炼，搭建优质选题

你喜欢什么，很重要；但用户喜欢什么，更重要。例如，你是一位家长，希望孩子少看手机，以下哪种说法，你觉得孩子更容易接受？

1）"别玩手机了，对眼睛不好，去做点别的。"

2）"别玩手机了，你不是一直想去动物园吗？快收拾一下，我和你一起去，还有你最爱的长颈鹿。"

3）"别玩手机了，我数到三，把手机给我。"

你是不是已经有了答案？

1）属于讲道理，说法正确却太过宽泛，孩子不易行动。

2）属于吸引孩子的兴趣，让孩子去做喜欢、想做的事情，勾起孩子的参与欲望。

3）属于命令，孩子被迫接受，却极易在其心里埋下逆反对抗的种子。

小红书用户也是一样。

秋叶小红书训练营给学员反复强调：想要用户接受你、喜欢你，并配合你，那就不能把大道理或命令式的知识点或广告在笔记中硬塞给用户。你应该筛选出用户喜欢的、感兴趣的、有价值的话题，以赢得用户"芳心"，这才是选题的意义。

本节结合秋叶小红书训练营5 000多位学员的笔记辅导与实战经验，总结出3类好选题，让你始终围绕用户出发，明确自己究竟可以在小红书发什么。

3.2.1
抓住好选题：3 类选题，轻松撬动用户"赞藏评"

1. 需求型选题：关注小红书用户所需

需求型选题需关注小红书用户的需求或问题。用户需要的，才是你有机会做出"爆款"的。

把所有你能想到的选题全部罗列下来，例如宝妈关心的问题如下。

- 学习用品购买方法。
- 孩子营养饮食食谱。
- 孩子情绪问题。

如何找到需求型选题？

1）用户画像。列出你所需用户的年龄、岗位、性别、收入、工作习惯等。毕竟，20 岁和 40 岁的用户需要解决的职场问题是不同的，月入 3 000 元和月入 3 万元的人关心的问题也是有区别的。而你对用户画像把握得越明确，能拓展的选题也就越多。

2）网络搜索。利用互联网，在百度等浏览器中，搜索你的赛道、想到的人群、选题，选择你能做的小红书选题。

3）笔记评论。查看和你赛道相关的小红书笔记，留意用户评论，根据这些评论提炼出不错的选题。

引导你找到需求型选题的话术：×××的技巧和方法、如何解决 ××× 问题等。

2. 热点型选题：基于社会热点事件或话题，在笔记中进行讨论

热点型选题也就是俗称的"蹭热点"，大家都在讨论、关注什么话题，你就首先考虑结合什么话题，因为热点自带曝光流量。

在哪找热点型选题？

1）小红书热点聚集地：创作中心 - 创作灵感。

2）各大自媒体平台热搜：微博热搜、知乎热搜。

3）榜单类网站：今日热榜、百度热搜、新浪热榜、即时热榜。

引导你找到热点型选题的话术：最近，×××很火 / 很"出圈"/很多人讨论。

3. 搜集型选题：结合小红书赛道或领域，进行相关信息收集和整理

搜集型选题即用户在解决某件事时，需要的信息素材汇总。例如，学生——考证时间、职场人——PPT 模板网站、父母——某市小升初择校介绍。

怎么做出搜集型选题？

1）合集汇总。将多个来源的信息、资源或数据汇总在一起，为用户提供信息集合。例如，旅行目的地汇总、上班穿搭参考汇总、朋友圈文案汇总。

2）排行榜类。针对赛道人群的特定领域或主题，为用户提供各种排名和榜单推荐。例如，美食排行榜、办公提效工具排行榜。

3）攻略 / 测评。针对某个场景，为用户提供攻略事项或提供测评对比指南。例如空气炸锅测评、牛仔外套测评。

引导你找到搜集型选题的话术：解决这个问题 / 做某件事时，哪些信息能帮上忙。

其他选题引导话术参考如下。

①为什么要做 ×××。

②如何避免 ×××。

③ ××× 的注意事项。

④想获得 ×××，一定要做 / 不要做 ×××。

4. 结合选题类型，巧用 AI，30 天选题不重样

①用 AI 写需求型选题。

AI 提示词模板

> 你是一位小红书博主，赛道为【输入赛道】，希望吸引【输入用户】人群，请你罗列 30 个常见需求或问题，方便后续撰写小红书笔记。

AI 生成的回答如图 3-7 所示。

你是一位小红书博主，赛道为【财会知识科普】，希望吸引【财务岗位】人群，请你罗列30个常见需求或问题，方便后续撰写小红书笔记。

当然，针对财务岗位人群，以下是我为你罗列的30个常见需求或问题，这些都可以作为你撰写小红书笔记的灵感来源。

1. 如何理解财务报表中的三大报表？
2. 如何分析公司的财务状况？
3. 如何制定有效的预算并监控其执行情况？
4. 如何做好税务筹划以减轻税负？
5. 如何进行成本控制以提高企业的盈利能力？

图 3-7　用 AI 写需求型选题案例（部分截图）

②用 AI 写热点型选题。

AI 提示词模板

你是一位小红书【输入赛道】博主，希望吸引【输入用户】人群，最近【输入热点】事件有很多人讨论，事件的基本情况是【输入热点概要】。请你结合该事件，罗列 30 个选题切入角度。

AI 生成的回答如图 3-8 所示。

你是一位小红书【财会知识科普】博主，希望吸引【财务岗位】人群，最近艺人公益捐款事件有很多人讨论，事件的基本情况是一位匿名捐款多年，累计捐款1000万元，无意中被公益组织工作人员公布，让人心生佩服。请你结合该事件，罗列30个选题切入角度。

结合艺人匿名捐款事件，针对财务岗位人群，以下是我为你罗列的30个选题切入角度，这些角度可以帮助你撰写与财会知识科普相关的小红书笔记，并吸引财务岗位人群的关注。

1. **匿名捐款与财务隐私**：探讨艺人选择匿名捐款的原因，以及财务隐私在日常工作中的重要性。
2. **公益捐赠的税务处理**：介绍公益捐赠在税务上的优惠政策，以及如何进行税务申报。
3. **大额捐赠的财务管理**：分析艺人如何管理自己的财务，确保大额捐赠的透明和合规性。
4. **财务岗位的社会责任**：从财务人员的角度讨论如何在职业中践行社会责任，如参与公益捐赠。
5. **公益组织的财务透明度**：探讨公益组织如何提高财务透明度，以赢得公众的信任和支持。

图 3-8　用 AI 写热点型选题案例（部分截图）

③用 AI 写搜集型选题。

AI 提示词模板

你是一位小红书【输入赛道】博主，希望吸引【输入用户】人群，请你罗列 30 个合集汇总或攻略 / 测评的选题，仅需通过搜集相关信息即可完成笔记。

AI 生成的回答如图 3-9 所示。

你是一位小红书【财会知识科普】博主，希望吸引【财会岗位】人群，请你罗列30个合集汇总或攻略/测评的选题，仅需通过搜集相关信息即可完成笔记。

当然，以下是为你罗列的30个财会知识科普的合集汇总或攻略/测评的选题，这些选题旨在吸引财会岗位人群，并且只需通过搜集相关信息即可完成笔记。

1. **财会基础知识大全**：涵盖会计原理、财务报表、税务基础等核心概念。
2. **财务报表解读攻略**：包括资产负债表、利润表、现金流量表的详细解读。
3. **税务筹划实战指南**：合集包括各种税务筹划方法、案例分析及注意事项。
4. **成本控制与预算管理合集**：汇总成本控制技巧、预算制定与监控方法。
5. **财务风险管理与应对策略**：涵盖风险识别、评估、监控与应对的完整流程。

图 3-9　用 AI 写搜集型选题案例（部分截图）

小结

写小红书笔记，无论写什么选题，请记住一句话：给用户看，而非给自己看。

1. 需求型选题：用户需要的，才是最好的。
2. 热点型选题：什么火，首选什么，自带流量效应。
3. 搜集型选题：减轻原创压力，搜集整理，利用信息差。

3.2.2

用 AIGC 构建灵感树：1 个变 N 个，从此不断更

一位研一的研究生每晚在笔记本电脑前创作，她正在为自己的小红书笔记而焦虑。她已经分享了 7 篇关于考研经验和知识的笔记，然而现在，她不知道该写什么了。

"老师，我是不是不适合做考研博主？我能分享的已经分享完了，实在不知道还能写什么选题。"随着一个倒地翻滚大哭的表情包，该研究生结束了她的提问。

这是初做小红书时，博主遇到的非常常见的问题：选题灵感枯

竭。基于这个问题，在个人经验和知识耗尽的情况下，本书将介绍每个新手博主都能使用的选题拓展方法，让你的写作灵感源源不断，将同 1 个选题拓展出 N 种角度。

以下是该研究生在小红书做的 7 个选题。

- 考研怎么选专业？
- 考研上岸经历分享。
- 考研备考时间节点一览。
- 考研政治怎么备考？
- 考研英语怎么备考？
- 考研数学怎么备考？
- 考研专业课怎么备考？

1. 关键词拓展法

关键词是选题的灵魂。想要基于原有思路不断输出，可以利用你现有的选题核心关键词，来拓展新的关键词，进而产生新的选题思路。

①在小红书搜索核心关键词。

在小红书搜索有哪些相关选题可供参考，例如考研选专业。在小红书搜索后，可拓展选题如图 3-10 所示。

Q 考研选专业| ⊗ 取消

Q 考研选专业很纠结怎么办

Q 考研选专业咨询

Q 考研选专业还是选学校

Q 考研选专业网站

Q 考研选专业 App

Q 考研选专业重要吗

图 3-10　在小红书搜索核心关键词截图

②在读书平台搜索核心关键词。

通过微信读书、荔枝读书等在线阅读网站或 App 查找相关书籍主题。一本书就是一个选题来源，例如考研英语。在读书平台搜索核心关键词截图如图 3-11 所示。

图 3-11　在读书平台搜索核心关键词截图

基于选题核心关键词，重新进行搜索，选题灵感源源不断。

该研究生瞬间有干劲了，当天就基于原有的 7 个选题，列出了 100 个考研赛道选题。

"谢谢老师，差点以为自己做不下去了，原来不是非要把所有的内容在一篇笔记写完！按关键词拆分下来写，更新 30 篇笔记，完全没有问题。"

2. "爆款" 笔记拓展法

要相信，**站在巨人的肩膀上，你才会看得更远。很多时候，不只要埋头想自己做了什么，也要多去看别人做了什么，才能写出"爆款"**。找到同领域或同主题的热门博主，观察和搜集他们的"爆款"选题，将其作为学习和模仿的榜样。

以另外一位学员为例，她在月子中心工作，想分享孕产经验，她搜集到的"爆款"选题如下。

- 为什么就没人把怀孕 1~40 周的事讲明白？
- 已生！劝大家千万不要因为无知留下一身病。
- 想顺产的姐妹保存下来！真的超快顺产，无侧切、无撕裂！
- 准妈妈们进产房前提前做好心理准备。
- 囤货清单，怀孕后每月买什么，照清单抄，不浪费钱。
- 终于有人把老婆怀孕，老公能做什么说清楚了！

需要注意的是，在参考和模仿"爆款"选题的基础上，还要基于已有选题，发现新的痛点和需求，不断创新和提升自己的运营能力。比如顺产无撕裂，可联想到妊娠纹消除、剖宫产恢复等。

3. 连载式拓展法

你在看电视或书籍时，是不是会遇到这类情况：电视剧有第一集、第二集；电影有上、中、下；小说第一部如果卖得好，还会有第二部、第三部……

当你特别擅长某一类选题并产出过"爆款"时，可以采取连载式拓展法创作小红书笔记，同个选题，分多篇笔记产出。

例如有一位学员，专门基于 PPT 技巧这一选题，每天进行 PPT 自学打卡。

这类拓展方式，既可省时间，也可提高用户黏性，让用户形成定期看你小红书笔记的习惯。

4. AI 拓展法
AI 提示词模板

你是一位小红书【输入赛道】博主，准备写一篇笔记，选题为【输入选题】，请你基于该选题，延伸拓展出 30 个细分新选题。

AI 生成的回答如图 3-12 所示。

你是一位小红书【财会知识科普】博主，准备写一篇笔记，选题为【财会基础知识大全】，请你基于该选题，延伸拓展出 30 个细分新选题。

当然，基于选题【财会基础知识大全】，我为你延伸拓展出以下 30 个细分新选题，这些选题可以作为你撰写小红书笔记的灵感来源。

1. 会计的基本原理与概念解析
2. 财务报表的构成与重要性
3. 资产、负债与所有者权益的详解
4. 利润表：如何反映企业的盈利状况
5. 现金流量表：企业经营活动的血液

图 3-12　AI 生成的扩展选题（部分截图）

通过以上选题拓展方式，你可以形成自己的专属灵感树，如图 3-13 所示。

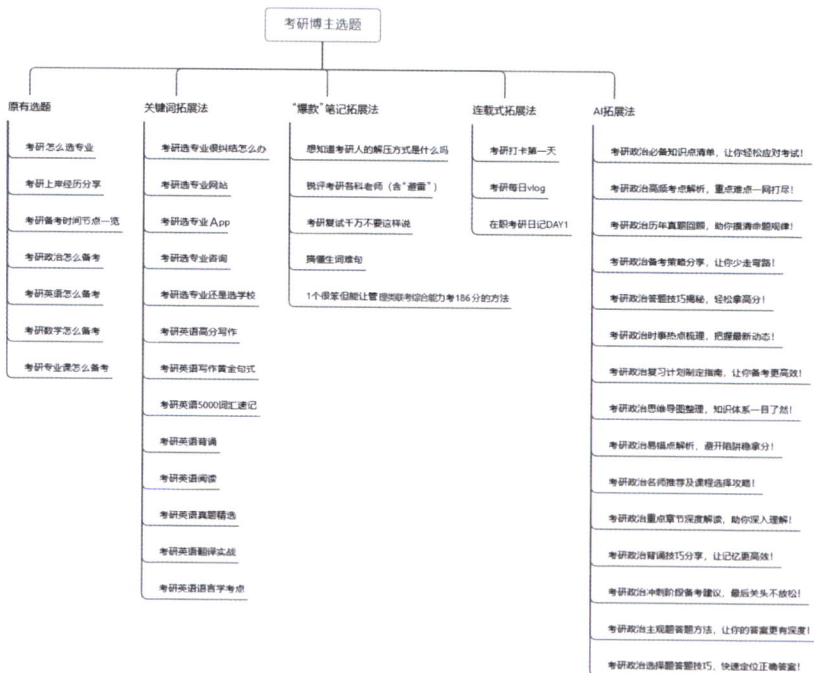

图 3-13　选题灵感树案例

> **小结**
>
> 灵感枯竭怎么办?
>
> 1. 关键词拓展法:根据现有选题关键词找到细分新思路。
>
> 2. "爆款"笔记拓展法:看自己,更要看别人,用别人的"爆款"选题,获取自己的笔记灵感。
>
> 3. 连载式拓展法:同一优质选题,换案例、换故事、换操作,反复用。
>
> 4. AI 拓展法:用 AI 帮你基于同一选题,拓展细分新选题。

3.2.3
"爆款"选题库:反复利用优质选题

好记性不如烂笔头,通过前文的介绍,你已经具备寻找选题的初步技能。那应如何记录选题,才能方便你随时查找?

小红书选题"神器"——"爆款"选题库可以帮你随时查找选题。

即将你想到的、搜集到的选题灵感,或者你已发布的笔记选题,全部通过表格,进行记录及数据整理。

之所以如此,一是因为你可以积累现有选题,组合搭配激发新的灵感;二是因为如果你后续遇到瓶颈期,想回看复盘,找寻优化方向,选题库会是很重要的参考依据。

1. 如何搭建小红书"爆款"选题库
①用 Excel 表格记录。

可使用 Excel 文档,也可使用飞书等在线文档。

②把握核心字段。

核心字段包括选题、关键词、正文标题、封面标题、点赞、收藏、评论、笔记原文链接等。

"爆款"选题库表格示例如表 3-1 所示。

表 3-1 　"爆款"选题库表格示例

"爆款"选题库

序号	选题	关键词	正文标题	封面标题	点赞	收藏	评论	笔记原文链接

③持续更新选题库。

制作选题库不难，关键在于持续填充新思路，让选题库逐渐丰富。

2. 避免陷入误区：所有选题都需经过小红书数据验证

"老师，目前所有选题里，我挑了两个选题写了笔记，你帮我看看行不行？"

"你当时为什么会写这两个选题？"

"最近这两个选题很火，我感觉应该能成'爆款'，写起来也简单。"

在秋叶小红书训练营，经常有学员想到某个选题就立即开写，然后满怀期待，等待笔记成为"爆款"。

但作为新手博主，当"我感觉"3 个字一出现时，你脑海中必须立即响起警铃，提醒自己，是否进入了**做号 2 大误区**。

误区 1：做号靠感觉，缺乏判断依据。过度依赖自己或他人的直觉经验，忽略了小红书用户的实际需求和兴趣点。要么盲目自信想到什么发什么，要么战战兢兢什么都不敢发。

误区 2：即使与赛道无关，也盲目追热点。热点虽好，但绝不可"贪杯"，某个热点事件，虽然很火，但如果跟自己的业务、赛道、人群毫无关联，纯粹跟风，不但笔记不能成为"爆款"，还会把自己的账号风格打乱！

所以，开始创作笔记前，你可通过小红书数据验证。哪些选题有"爆款"潜力。

小红书数据验证关键点如下。

①有没有人写——查看笔记收录量。

在小红书搜索栏输入关键词，即可查看收录量，如图 3-14 所示。如果某个选题已经有大量优质笔记被收录，那么说明这个选题已经有一定的热度和关注度，笔记量越大，可供你参考学习的优质笔记就越多。

②出没出"爆款"——查看"爆款"笔记数。

在小红书搜索栏选择【最热】，通过查看用户对笔记的点赞情况，来判断选题的受欢迎程度，如图 3-15 所示。如果该类选题收到较多点赞，说明这类话题引起了用户的共鸣。

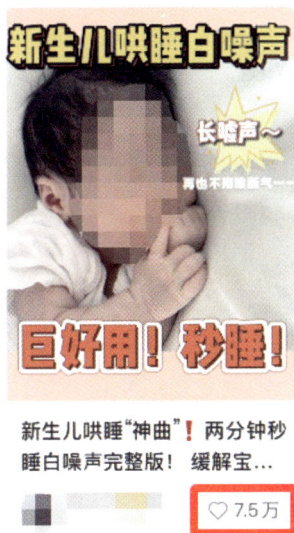

图 3-14　收录量　　图 3-15　"爆款"笔记

③有没有人看——查看用户浏览量。

在小红书发布页查看话题词浏览量，如图 3-16 所示。浏览量越高，证明平台曝光量越高，用户越关心，选择与这个话题相关的选题可能会更容易吸引用户的关注。

#哄睡|

#哄睡　　　　　　　　　　　6.2亿次浏览

#哄睡神器　　　　　　　　　4840.6万次浏览

#哄睡故事　　　　　　　　　711.6万次浏览

图 3-16　浏览量

如果你在两个选题中纠结该写哪个，请记住：**先验证，再下笔。**

小结

1. 别靠记性靠"神器"。小红书博主必备选题"神器"——"爆款"选题库。
2. 所有未经验证的选题，都要慎之又慎。

3.3
小红书笔记阅读量超 10 万的关键：AI 助攻，打磨吸睛标题 / 封面

某学员是秋叶小红书训练营中的一位"80 后"全职妈妈。

她每天的生活，要么是照顾家人孩子，要么是做家务，之所以想做小红书，也是希望吸引同龄妈妈们，找到自己可沟通、接触外界的地方，互相提供帮助，分享育儿经验。

该学员一直很用心地写每一篇笔记，但她在更新了一个月后发现，自己发布的干货文章，阅读量连 100 都没有。数据不佳让她感到很失落，她很想知道问题出在哪里，是不是写得不好、干货不够。

对症方可下药，一张图弄清用户阅读逻辑。

如果你是该学员，给你 3 秒思考一下，你觉得用户在浏览小红书笔记时，第一眼看见的是什么？

思考后记住你的答案，看看你浏览小红书笔记时的顺序是不是下面这样。

1）"这标题，说的不就是我吗？这封面，可真有意思。"——标题/封面。

2）"这博主分享的内容，有点儿水平呀。"——内容页/正文。

3）"看看别人有没有跟我一样想法的。"——评论区。

4）"去看看主页，还分享了什么内容。"——主页。

小红书用户阅读路径如图 3-17 所示。

图 3-17　小红书用户阅读路径

这才是小红书用户的真实阅读路径，标题/封面直接决定了用户是否点击笔记。

所以，请你记住，如果小红书笔记阅读量低，一般是标题/封面没做到位。

例如该学员的笔记内容其实很不错，真实、收获感强，好几个宝妈还留言评论，但最大的问题是标题和封面不够吸引人。

该学员笔记的标题与封面如下。

标题：陪伴孩子的美好时光（简单感慨，没有体现选题核心价值）。

封面：孩子背影＋风景图（光线不好，图片较为模糊）。

就像偏僻的小店，能进店的用户本就没多少，更别说最终买单的人。小红书笔记也是如此，点进来的用户太少，那自然浏览量也不会高。

那应该如何优化？——哪里不对，改哪里！

即包装标题和美化封面。

3.3.1
"爆款"标题公式：6 大公式写标题

抛开其他所有因素影响，只看标题，同样是每日美食分享，你会想点开哪一篇笔记？

1）当然要记录一下呀，又不是天天做饭。

2）已瘦 20 斤！想告诉全世界这个食谱！

3）每一天都有好好吃饭。

4）打工人菜谱，成本 5 元就能搞定的家常菜。

不知道你最终选择了哪一个？

许多秋叶小红书训练营的学员选择的是第二篇第四篇笔记。

而这 4 篇笔记的实际阅读量，分别是 1、16 万、0、14 万。

由此可知，即使是相似的内容，从不同角度进行描述，带来的点击效果也是完全不同的。那具体哪种标题，会更易引起用户兴趣？结合对小红书上各行业的"爆款"标题拆解，总结出 6 大标题包装公式。

1. 对号入座式——你的标题，要和用户有关

直接在标题中，结合与你赛道目标用户相关的标签或称呼，方便用户一眼识别并明确：这篇笔记与自己有关。标题示例如下。

1）为什么都市女性把运动健身当作救命稻草？

2）已生，告知没生的姐妹，待产包这些就够了！

3）手机摄影，新手如何在下雨天随手拍大片？

可以想想，你的目标用户都有谁？你通常都如何称呼他们？如果想好了，记得将用户标签放入标题中，通过放大用户标签，吸引更加精准的用户。

注意事项 ————————————————————————

1）避免贬低或歧视：虽然是对有共性的读者做了分类，但是在笔记中称呼他人时，拒绝用负面用语或进行人身攻击，例如丑男 / 女。

2）不要涉及敏感称呼：对笔记内容负责，不要涉及政治、宗教、种族等。

---

2. 数字美化式——陌生用户，最怕结论模糊不清

增加具体的数字，用来表达确定的结果或结论，明确地传达内容的价值和吸引力。标题示例如下。

1）8 条秋冬内搭分享！就爱这种显瘦的型。

2）梳头 828 天，我能申请成为你养发的动力吗？

3）7 天搞定 3 500 个基础词！

使用具体数字，让用户能够清晰地想象自己达到目标后的成果，产生向往和期待。

3. 强烈对比式——让用户一眼看到差异

将内容通过与另一个对象或事物进行对比，突出强调自身的优势、特点或价值，从而吸引用户的注意力，提高点击率。它的句式通常是：××与××、比××还……、×××前后对比。标题示例如下。

1）开油车与开电车对比。

2）入职前后对比。

3）比刷题还有用的影片，文理科知识全都有。

4. 权威借势式——自带光环，更易让人信服

以权威人士、机构或媒体等作为佐证，来强调文章的观点、建议或方法的有效性和可靠性。这种标题的句式通常为某某专家推荐、某某机构发布的研究报告显示、某某媒体报道等。标题示例如下。

TED每日精读，停止与别人比较。

1）引用的权威人士、机构或媒体等需要具有公信力和可靠性。

2）引用的观点、建议或方法等需要经过证实和验证。

5. 场景提问式——让用户的脑海中有画面

通过描述一个具体的场景或情境，提出一个问题或挑战，让用户从场景中联想到自己，从而吸引用户点击、参与讨论、寻求相同观点，通常句式为：当你遇到 ×××问题时，你会怎么做？面对××情况，你是 A 还是 B？标题示例如下。

1）当你的挚爱突然离世，该如何应对？

2）当代打工人的现状，你有这些行为吗？

1）提出的问题最好覆盖多数人的实际生活经验，以免让用户产生陌生感。

2）不要太过复杂或具有学术感，尽量口语化、生活化，防止用户在点击前就失去了兴趣。

6. "恐惧警告"式——人们天生就厌恶损失

你的标题可以以引起用户担忧、恐惧或紧迫感的信息或后果为切入角度，让用户因害怕而点击阅读。句式通常为：千万别 ×××，否则就 ×××；想避免 ×××？立即停止做 ×××。

这类标题，用好了容易出现高阅读量，但使用时要确保不过度制造恐慌或误导用户。信息需基于事实，避免夸大其词。

AI 提示词模板

你是一位经验丰富的小红书【输入赛道】博主，为了吸引【输入用户】人群，准备写一篇笔记，选题为【输入选题】。

请基于选题，提供 10 个吸睛标题，可参考以下标题公式。

对号入座式，明确表达某一类用户人群指向。

数字美化式，使用或强调具体数据。

强烈对比式，呈现某个事物或人物的强烈对比，展示差异。

场景提问式，描述具体场景，让用户产生代入感。

"恐惧警告"式，激发用户的担忧、恐惧情绪。

AI 生成的回答如图 3-18 所示。

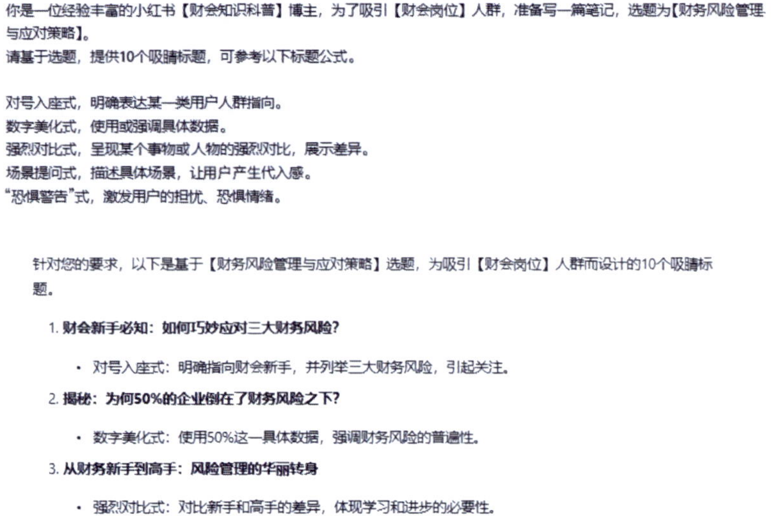

你是一位经验丰富的小红书【财会知识科普】博主，为了吸引【财会岗位】人群，准备写一篇笔记，选题为【财务风险管理与应对策略】。
请基于选题，提供10个吸睛标题，可参考以下标题公式。

对号入座式，明确表达某一类用户人群指向。
数字美化式，使用或强调具体数据。
强烈对比式，呈现某个事物或人物的强烈对比，展示差异。
场景提问式，描述具体场景，让用户产生代入感。
"恐惧警告"式，激发用户的担忧、恐惧情绪。

针对您的要求，以下是基于【财务风险管理与应对策略】选题，为吸引【财会岗位】人群而设计的10个吸睛标题。

1. **财会新手必知：如何巧妙应对三大财务风险？**
   - 对号入座式：明确指向财会新手，并列举三大财务风险，引起关注。
2. **揭秘：为何50%的企业倒在了财务风险之下？**
   - 数字美化式：使用50%这一具体数据，强调财务风险的普遍性。
3. **从财务新手到高手：风险管理的华丽转身**
   - 强烈对比式：对比新手和高手的差异，体现学习和进步的必要性。

图 3-18 用 AI 写标题案例（部分截图）

3.3.2

热门封面版式：5 类排版参考，提升点击率

"老师，不瞒你说，有些博主做的笔记，我不明白它的数据为什么那么好。前几天，辅导老师帮我找了几个对标账号。让我进行参考和学习，但很多博主做的图并不算很好看，怎么有那么多用户喜欢、点赞呢？"

"那这些博主的笔记，你会不会点开呢？"

"这倒是会，在封面我能一眼看到我关心的话题。"

很多博主也和这位学员一样，做封面时，非常容易纠结封面好不好看，耗费时间。结果最终用的图与笔记的内容联系不深，很难精准吸引粉丝的注意力，笔记阅读量也会较低。

这是因为你的封面重心抓错了。

就像前面这位学员的经历，当封面成功吸引用户点击的那一瞬间，这张封面，就已经完成了它的使命。

在小红书，封面到底是美是丑、出镜的人是否好看、风景作品拍得好不好看并非关键。

封面传递的内容和用户有没有关系才是重点。

所以，**封面核心的发力点在于：告知用户信息，并能被用户理解。**

以下 5 类排版参考，让你的小红书封面，锁住用户目光。

1. 无字冲击感图片

封面采用无字冲击感图片，对博主的网感要求较高，使用的图片仿佛能说话一样，信息全在图里，哪怕一个字都没有，也能极大刺激用户的各类情绪，让用户感觉特别，如图 3-19 所示。

这类封面，不靠制作靠找图，应契合标题，同时放大情绪。

2. 文字描述 + 纯底色

怕自己拍照不好看、找不到合适的图片，那就把重心放在文字信息呈现上，如图 3-20 所示。

当领导知道了我读书、写作、搞副业…… 我业余时……

♡ 2863

图 3-19　无字冲击感图片案例

万万没想到，提高数学成绩，竟然这么简单！给大……

♡ 4062

图 3-20　文字描述 + 纯底色案例

文字描述 + 纯底色封面，无需任何花哨图片，封面就是你的文字放大器。你要做的就是，在封面上放大你的关键信息。封面文字可直接使用笔记标题或摘取关键词。

3. 文字描述 + 单张图片

想让封面既有趣又直观，就用一张照片加上几个关键词，如图 3-21 所示。

1 万个人心里有 1 万种审美标准，文字描述 + 单张图片封面，适合有拍摄技巧，但又不想让图片占据全部注意力的博主。当你无法确定纯靠图片就能吸引用户停留时，可选一张与主题相关的图片，然后在上面添加一些吸睛的文字描述，既能吸引用户注意，又不会让图片

孩子索要手机？用这招，既满足又引导！当孩子说：…

♡ 2.6 万

图 3-21　文字描述 + 单张图片案例

完全占据封面。记得，文字和图片要紧密结合，传达同一信息。

比如，如果你的笔记是关于做家常菜的，可以选一张诱人的家

常菜图片，再加上"超简单家常菜"这样的文字，让人一看就知道你的笔记是在教大家做家常菜。

4. 无字多图拼接

觉得封面太单调了？试试无字多图拼接吧，如图 3-22 所示。挑几张有关联的图片拼在一起，让人一看就知道你要说什么。拼接的图片应该是同一主题的不同方面，或者是同一系列的步骤、过程。这样，用户一眼看过去，就能大致了解你的笔记内容。记得挑选风格一致的图片，保持整体的和谐感。

5. 文字描述 + 多图拼接

文字描述 + 多图拼接封面制作难度较大，但极易出现"爆款"。

它结合了文字和多图拼接的优点，如图 3-23 所示。比如，你的笔记是关于时尚穿搭的，可以挑选几张不同风格的穿搭图片，拼接在一起，再加上"春季必备搭配"这样的文字，这种封面可以让用户在看到文字的同时，也能通过图片获得更多信息。

那些一眼就很██的早春穿搭！#2023新look #笔...

♡ 8.4万

图 3-22 无字多图拼接案例

i人必学❗小幅度站姿拍照pose分享‼ _ @薯队长...

♡ 8275

图 3-23 文字描述 + 多图拼接案例

可选几张有代表性的图片，再配上简短有力的文字，让用户一目了然，提高点击率。切记，文字和图片要相辅相成，共同传达主题。

3.3.3
AI 作图加速器：用对工具，制作好封面

本小节主要介绍几个小红书作图的 AI 绘画网站、工具，简单好上手，你也能做出好封面。

1. 想找符合要求的图片

通义万相：阿里云旗下的 AI 创意作画平台，可以根据你的描述生成独特的图片，还支持风格迁移，让你的封面更具个性。

无界 AI：快速生成精美画作的平台，输入你想要的主题和风格，几秒就能得到满意的结果。

文心一格：百度的 AI 艺术辅助平台，能根据关键词智能生成多样化的创意图片，方便你选择。

这三个平台都可通过文本描述形成图片。比如当你需要一只猫的图片，输入描述"小猫"即可获得。

以通义万相为例，生成一张小猫图片，如图 3-24 所示。

图 3-24　在 AI 平台输入文字生成的图片

2. 想要直接就能套用的封面模板

稿定设计： 提供 AI 智能作图版块，上传图片和文字，即可自动生成精美的封面。

美图秀秀： 有丰富的模板和素材库，支持一键美化并提供 AI 设计工具，让设计更加简单。

创客贴： 拥有大量的设计模板和素材，支持多平台使用，方便快捷。

可画： 页面友好，适合快速制作封面。

黄油相机： 以图片编辑和社交为特色，提供滤镜和贴纸，让封面更有趣味。

以稿定设计为例，找到合适的模板，如图 3-25 所示。

图 3-25　高赞封面与稿定设计的封面模板

超级多模板，拿来就能用，你需要的花字、抠图、排版等功能，这些软件基本都有。以上 5 个软件功能类似，你可根据个人习惯选择。

使用技巧如下。

1）选择合适的模板：根据你的赛道，挑选合适的模板。

2）调整图片大小：确保图片大小和比例适合小红书的封面要求，避免图片被裁剪、压缩或拉伸，封面尺寸要求一般为以下 3 种（如图 3-26 所示），推荐第一种。

封面（竖版）：1242px×1660px（3：4）。

封面（方版）：1080px×1080px（1：1）。

封面（横版）：2560px×1440px（16：9）。

图3-26　三种尺寸封面展示对比

3）添加个性文字：使用独特的字体和颜色，让你的封面文字脱颖而出，但新手尽量遵从三色原则，避免过于杂乱。

4）利用抠图功能：将人物或产品单独抠出，放在吸引人的背景上，增强视觉冲击力，尤其在打造个人记忆点或者想通过笔记"带货"时，可以使用。

5）预览并调整：在发布笔记前，预览封面，确保一切元素都协调一致，没有遗漏或错误。

3.4
单篇笔记"涨粉"1 000人要点：AI写作，产出吸引人的内容

很多博主刚做小红书时，会陷入一个误区：流量陷阱。即为了获得流星，发布与目标人群毫不相关的笔记。

有个学员想做母婴博主，后续以婴幼儿产品推荐、转化来变现。她发了两篇笔记，一篇阅读量很高，一篇阅读量一般，然而我们告

诉她，你应该坚持做看似阅读量低的内容。为什么呢？看看两篇笔记的内容就知道了。

笔记1：内容无意中吐槽当下热播剧艺人的恋爱情况，吸引了超10 000人观看。

笔记2：内容讲解孩子吐奶怎么处理，吸引了100人阅读，评论里基本是新手妈妈。

我们问了她一个问题："写哪一类笔记，能为你带来曝光和粉丝，更有利于你变现？"

她恍然大悟，笔记2别看流量不高，但吸引来的都是精准粉丝，有的笔记能"蹭热点"有流量，但和自己的主营方向不一致，根本带不来转化，这样的流量其实是无效的，反而让人掉入盲目追逐流量的陷阱。

所以跟风吐槽艺人的笔记，哪怕阅读量超10 000，但吸引的都是无关人群，他们既不会为你停留，成为你的粉丝，也不会为你付费，还不如阅读量虽然只有100，但吸引精准人群的笔记有价值。

那么，到底什么样的笔记，才能减少无效用户，提高转粉效果，留住精准粉丝呢？

3.4.1
AI笔记创作法宝：3大黄金模板，笔记创作效率翻倍

下面是给秋叶小红书训练营学员总结的**笔记创作关键要点，帮你筛选有效用户**，少走弯路，增加粉丝数量。

1. 多使用赛道相关词汇，方便目标用户精准搜索

用词越匹配，被用户**搜索到**的概率越大。

例如，你是做儿童美食的博主，准备写一篇关于"孩子营养早餐做法"的小红书笔记。在写笔记时，就多使用以下相关词汇。

1）赛道词：美食、做饭。

2）人群词：孩子、宝宝、女儿、儿子、家长。

3）场景词：早饭、午餐、哄娃。

4）痛点词：挑食、消化不良。

5）好处词：营养、美味、补锌、健康。

在笔记撰写中，植入以上 5 类词汇，便于平台给你的笔记分类，也能迅速吸引目标用户。

2. 除了分享情绪，更要提供实用价值，让用户停留

提供 3 大黄金创作模板，确保你的笔记具备价值感，对用户有用。

①清单式写法——提供有用信息。

围绕一个选题，对相关信息进行搜索、筛选、归纳，并形成对用户有收藏价值的信息清单，节省用户时间。

图 3-27 所示为秋叶小红书训练营学员的清单式笔记截图。

图 3-27　秋叶小红书训练营学员的清单式笔记截图

该笔记的关键内容如下。

- 围绕选题：作家笔下的"神级"比喻句。
- 搜索内容：搜索筛选作家优质比喻句，并以清单方式，整理在笔记中。
- 用户相关：好句赏析，给用户提供写作优质句子素材。

AI 提示词模板

请根据我提供的标题——（输入标题或选题），帮我写一篇小红书笔记，要求如下。

1. 开头引入：以标题相关的问题为引入，激起用户的兴趣。

2. 主题介绍：解释本篇笔记的目的。

3. 具体内容：直接给出常用的信息或句子，避免过多的解释和铺垫，直接按照逻辑顺序，通过清单列表的形式展示内容，使得信息更能激发情绪和易于阅读。

4. 结尾：以祝福语作为结尾，增加亲切感。

②干货式写法——提供有用方法。

Why：为什么要做、学习、了解 ×××？

What：笔记里分享的 ××× 的具体含义、解释是什么？

How：想正确做到 ×××，需要 / 应该怎样做？

如图 3-28 所示为干货式笔记截图。本篇万赞笔记就是使用了干货式写法，账号持续输出干货，吸引了精准粉丝。

Why：为什么要学 PPT 5 页纸？学制作 PPT 时，新手起步没头绪，但应做好学习规划！

What：PPT 5 页纸是什么？学制作 PPT 时，必备的流程和素材。

How：具体怎么做？用 5 页纸呈现 PPT 制作技巧。

图 3-28　干货式笔记截图

AI 提示词模板

请你根据我提供的标题——（输入标题或选题），帮我写一篇小红书笔记，要求如下。

1. Why：强调标题的意义（为什么值得做或值得了解）。

2. What：标题相关的具体环节、解释说明（流程是什么）。

3. How：想实现标题相关目标，具体需要怎样做？

③情绪式写法（戳痛点 – 给方案 – 做呼吁）——分享有用的经验。

戳痛点：回顾用户遇到的问题，引发共情。

给方案：同样的情况下，分享你的经验、解决方案。

做呼吁：鼓励用户采取行动。

图 3-29 所示为情绪式笔记截图，展现第一视角情绪式写法，既体现个人温度，又建立用户信任。

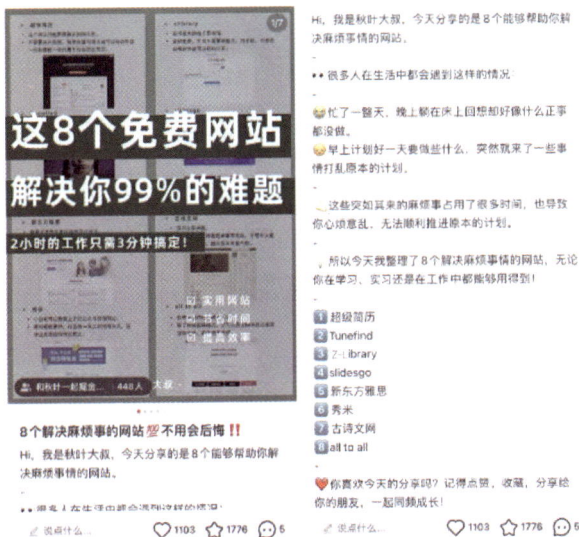

图 3-29　情绪式笔记截图

戳痛点：忙了一天，好像什么正事都没做，心烦意乱。

给方案：提供 8 个解决麻烦事情的网站，学习工作都能用。

做呼吁：分享给你的朋友，一起同频成长。

AI 提示词模板

请你根据我提供的标题——（输入标题或选题），帮我写一篇小红书笔记，要求如下。

1. 戳痛点：结合标题中目标人群的真实场景，引出急需解决的痛点。

2. 给方案：基于痛点，提供具体的解决步骤或措施。

3. 做呼吁：呼吁读者采取行动或表达态度。

3. 要主动设计结尾 / 评论，提高互动率、转粉率

在一次直播答疑中，有学员问道："老师，能不能帮我分析这篇笔记，明明效果不错，收藏有 2 000 多，但为什么用户就是默默看，

不评论、关注呢？"

是呀，内容也给干货了，吸引了精准用户，用户也认可了，怎么才能提高评论量、关注量呢？

①主动抛话题，让用户接话。

正文结束后，留下当篇笔记相关提问 / 话题，方便用户讨论。

例：

- 想了解 ×× 相关问题，欢迎一起讨论。
- 找一起做 ×× 的伙伴，想加入的欢迎举手。

②主动发预告，让用户产生期待。

可以预告下期精彩内容；放上自己的简介，介绍账号特色和价值……

例：

- 如果觉得内容对你有帮助，记得点亮"小心心"，下一期分享更多干货。
- 大家好，我是 ××，喜欢分享 ×× 心得 / ×× 感悟 / ×× 干货，感恩相遇，一起成长。

③主动给小彩蛋，引导用户响应。

可以随机抽取用户，有问必答；可以提供备好的资料包给粉丝……

例：

- 认准本号回复，每个人都会回复的。
- 开放 × 个轻咨询名额，有 ×× 困惑的小伙伴，可以告诉我。

那次答疑，就是按照这 3 种思路，结合那位学员的赛道，拆解了笔记引导话术。

过了两周他就来报喜，现在他每天记录笔记的"涨粉"数据，粉丝转化效率比之前高了 3 倍。

小结

遇到"偶然性爆款"，谨记：没有转化的流量都是盲目的狂欢。合格的小红书笔记，要可复制、能"吸粉"！始终围绕有效用户的需求出发，方式如下。

1. 善用赛道关键词。

2. 提供价值感信息。

3. 主动设计结尾 / 评论。

务必运用 AI 写作工具，为笔记提效。

3.4.2

AI 润色妙招：10 种开头结尾写法，新手直接复制使用

用户只阅读，不点赞，开头和结尾的问题各占一半。

小红书笔记开头和结尾存在的问题如下。

1）选题优质、标题吸睛、封面吸引人，结果开头第一句没写好，直接打回原形。

例如这个开头：SEM 不是一个固定模型（比如 XGB），而是一个模型框架。

作为笔记的第一句话，堆砌专业术语，不做解释，读起来都费劲，用户还没来得及看后面有价值的内容，就已经不想读了。

2）准备了满满干货，干货讲完直接结束，用户反馈少，博主也会丧失热情。

在秋叶小红书训练营，有个电商专业的学员就是天天写笔记，内容专业度很高，点赞和收藏都过千了，评论还是个位数，导致这

个学员很疑惑：为什么用户很少评论？

训练营的老师详细查看她的笔记后，直接告诉她："你的笔记有一个问题，就是结尾互动引导动作几乎为 0。我们日常聊天接话，是不是总得留个话口，抛出话题让对方好搭腔。而你的笔记直接以结论结尾这让用户怎么评论？"

以下是秋叶小红书训练营总结的 5 种开头和 5 种结尾写法，推荐你使用！

1. 开头写法：用好开头，吸引用户看下去
①开门见山。

把一整篇笔记提供的核心价值点直接压缩为一句话，放在开头，让用户 3 秒钟了解自己通过笔记能获得什么。示例如下。

总有新手不知道如何开始 ××，其实 ×× 真的不难，今天给大家分享 ××，从 ×× 到 ×× 一应俱全，快用上。

给 ×× 人整理了一下我的 ×× 经验。也是我觉得非常管用的技巧。

今天给大家分享一个 ××× 的经验 / 技巧 / 网站……

②痛点结合。

痛点指人们忧愁的、焦虑的、苦恼的、恐惧的，一系列想要解决的问题，将痛点详细描述出来，方便用户代入自己。示例如下。

还在为 ××× 发愁？今天给你支招！

别再忍受 ××× 的痛苦了，这些方法能帮你大忙！

告别 ××× 的烦恼，这些技巧 / 方法真的很实用！

③金句点题。

借用跟你笔记内容相关度很高的名人名言、网络热点、综艺影视剧金句等进行点题，引发用户共鸣。示例如下。

"×××。"——这句话说出了多少人的心声！

"×××。"——这句话点出了问题的关键所在!

"×××。"——这里曾提出过 ×× 观点……

④情景描述。

如果你想调动用户情绪,宽泛的开头描述是大忌。应尽量细腻、生动地描述一个场景或情境细节,让用户产生强烈的画面感。示例如下。

描述拍照的细节——拍照动作:当你走在街头,看到别人穿着时尚、拍照打卡,是不是特别羡慕?别担心,我来告诉你几个小技巧,让你也能拍出好看的照片!

描述学车的细节——倒车:10 秒倒车入库小诀窍,新手司机上手必备。

⑤成果前置。

无论你分享的是技巧、干货还是心得体会,让人信服的最好方式之一,就是拿出成绩或效果,类似于健身教练推荐私教课时,不管说得多好听,也不如直接展示自己身上的肌肉更有信服力。

所以,如果你拿到了具体的成果,不要害羞,请直接在开头展示。示例如下。

短短 × 个月,就从 ×× 到 ××……

短短三个月,就从月薪 5 000 元到 1.2 万元……

2. 结尾写法:巧写结尾,引导用户互动

①发布预告。

让用户对你的下一篇文章充满期待。例如:"下期笔记,我将继续分析 ××× 的玩法,记得来看!"

②设置悬念。

留下未解之谜,激发用户的好奇心。例如:"那么,××× 的真相究竟是什么?留下你的想法,晚上 7 点给答案,过会儿见。"

③使用简介。

简要介绍自己的账号和内容特色，吸引更多关注。可直接使用简介内容，也可以说明账号名、你的特点、你能提供的价值。

④鼓励提问。

鼓励用户提出问题或分享自己的经验，增加互动。

例如："你在 ×× 方面有没有遇到过这种问题？你是怎么处理的？欢迎一起交流学习！""最后，新手们有什么想问我的吗？我绝对知无不言，言无不尽。"

⑤提供好处。

提供一些实际的好处或资源，增加用户的参与感。例如："以上是来自 ×× 的一些心里话，如 ××× 有需求的小伙伴，可以找我；如果你想知道如何 ×××，可直接回复 ×××，有问必答。"

当你写完笔记，可以结合以上开头结尾写法，用 AI 帮自己的笔记润色。

AI 提示词模板

第一问：这是一篇小红书笔记，请你进行吸收并消化，笔记内容如下：【输入笔记内容】。

第二问：为了让笔记更有吸引力，请你基于笔记，撰写 5 个不同版本的开头语，开头语写法如下。

开门见山：一句话提炼笔记核心内容，并展示价值点。

痛点结合：结合用户想要解决的问题。

金句点题：基于笔记内容，围绕相关名人名言展开。

情景描述：围绕笔记内容，描述画面细节，增加代入感。

成果前置：将笔记中提及的成绩和效果，作为切入点。

留个小作业：结尾语的 AI 提示词，应该如何写呢？

3.4.3
用 AI 生成笔记：小红书 4 类笔记，一键生成

4 类小红书笔记分别为小红书"种草"笔记、小红书知识教程笔记、小红书好物测评笔记、小红书书评 / 影评笔记，给你分享提示词，让 AI 帮你直接产出笔记初稿。

1. 小红书"种草"笔记 AI 提示词模板

你是一位小红书笔记"带货"高手，请你基于产品【输入产品名词】的卖点【输入产品特点 / 优势】，帮我写一篇吸引【输入用户群体】人群的产品"种草"笔记，让用户通过【输入下单方法】进行沟通或购买。

内容结构如下。

1）开篇引入：场景设定 + 情感连接。

2）产品介绍：产品名 + 能解决的问题 / 提供的价值。

3）亲身体验：产品使用体验。

4）效果对比：使用产品前后的状态及评价反馈。

5）行动号召：告知用户如何购买。

创作要点说明：真诚和透明，确保内容真实，避免过度夸张。笔记要有细节描述，通过具体的描述来展示产品特性。笔记多使用表情，多用空行，笔记最后加标签，标签的格式是"＃标签"。

AI 提问案例

你是一位小红书笔记"带货"高手，请你基于产品【秋叶秒懂 AI 系列图书】的卖点【涵盖 3 本书，秒懂 AI 提问、秒懂 AI 写作、秒懂

AI 设计】，帮我写一篇吸引【对 AI 感兴趣】人群的产品"种草"笔记，让用户通过【笔记左下方店铺链接】进行沟通或购买。

内容结构如下：同上。

创作要点说明：同上。

AI 生成的回答如图 3-30 所示。

秋叶秒懂AI系列：三步解锁AI魅力，你值得拥有！

🍪朋友们，你是否对AI充满好奇和向往？看到那些酷炫的AI应用，是不是跃跃欲试？但总觉得门槛太高，无从下手？让我为你推荐一套神奇的图书——秋叶秒懂AI系列！

📘秋叶秒懂AI系列，是帮助你深入了解AI的渠道。这套图书包括《秒懂AI提问》《秒懂AI写作》《秒懂AI设计》三本，全面涵盖AI的各个方面，无论你是初学者还是资深玩家，都能在这里找到适合自己的内容。

🎉自从我开始阅读这套图书，仿佛打开了一个全新的世界。它教会我如何提出有效的AI问题，如何利用AI进行高效写作和设计。书中的语言通俗易懂，让我这种AI新手也能轻松上手！

📖使用这套图书后，我明显感受到了自己的进步。以前面对AI我总是无从下手，现在我已经能够熟练运用AI来辅助我的工作和学习。这种成就感，真的是无法用言语来形容的！

🤝现在，我诚挚地邀请你一起加入AI的大家庭，和我一同探索这个充满无限可能的领域。如果你对这套图书感兴趣，或者想了解更多关于AI的信息，请点击笔记左下方的店铺链接。让我们一起在AI的世界里畅游吧！

#秋叶秒懂AI系列 #AI提问 #AI写作 #AI设计 #AI学习 #AI进阶 #科技好物 #AI爱好者必备

图 3-30　AI 产出小红书"种草"笔记案例

2. 小红书知识教程笔记 AI 提示词模板

你是一位【输入赛道】领域的资深专家，你的头衔 / 成就是【输入成就事件】，现在想基于【输入知识点】的问题，以文字教程的形式，写一篇小红书笔记，帮助有需要的粉丝。你的方法 / 步骤包含：第一点【输入知识点】；第二点【输入知识点】；第三点【输入知识点】……

内容结构如下。

1) 问候语＋自我介绍：建立信任感。

2) 开头引入：点明主题，突出能解决什么问题。

3) 具体做法：知识点、方法或步骤，并辅以案例说明，方便用户理解。

4) 结尾引导：引导用户留下自己的难题，以协助其解决，并在笔记最后加标签，标签的格式是"＃标签"。

创作要点说明：体现专业性；深入浅出，专业术语尽量使用口语化或易于理解的描述说明，减轻用户阅读压力；用丰富的表情来提升内容的可阅读性。

AI 提问案例

你是一位【家庭教育】领域的资深专家，你的头衔／成就是【某市知名师范大学教授】，现在想基于【孩子青春期叛逆】的问题，以文字教程的形式，写一篇小红书笔记，帮助有需要的粉丝。你的方法／步骤包含：第一点【认识孩子青春期生理和心理情况】；第二点【制作符合孩子特点的身心发展规划】；第三点【以身作则，多鼓励、少打压】……

内容结构如下：同上。

创作要点说明：同上。

AI 生成的回答如图 3-31 所示。

🔵 大家好，我是来自某市知名师范大学的教授，也是一名专注于家庭教育领域的资深专家。今天，我想和大家聊聊如何更好地应对孩子青春期的叛逆问题。如果你也有类似的困扰，不妨继续往下看吧！😊

😊 青春期，对许多孩子来说，是一个充满挑战和困惑的阶段。他们可能会表现出叛逆、情绪不稳定等行为，让家长们感到束手无策。其实，这些问题很大程度上源于我们对孩子青春期生理和心理情况的不了解。

🌱 首先，我们需要认识到孩子青春期的生理和心理变化。这个阶段，孩子的身体正在发生巨大的变化，如生长发育、激素分泌等，这些变化都会影响到他们的情绪和行为。同时，他们的心理也在逐渐成熟，开始形成自己的价值观和世界观。因此，我们需要给予他们足够的理解和支持，帮助他们平稳度过这个阶段。

☑️ 接下来，我们需要根据孩子的特点和需求，制定符合他们身心发展的规划。每个孩子都是独一无二的，他们有着各自的兴趣和天赋。作为家长，我们需要关注孩子的兴趣和需求，为他们提供合适的发展机会和资源。比如，如果孩子对音乐感兴趣，我们可以为他们提供音乐课程或参加音乐活动的机会；如果孩子擅长运动，我们可以鼓励他们参加运动队或进行体能训练。通过这样的规划，我们可以帮助孩子更好地发挥自己的潜力，增强自信心和成就感。

👪 最后，我们需要以身作则，成为孩子的榜样。我们的行为和态度会深深地影响到孩子。因此，我们需要注重自己的言行举止，做到多鼓励、少打压。当孩子遇到困难或挫折时，我们要给予他们鼓励和支持，帮助他们找到解决问题的方法；当孩子犯错时，我们要以平和的心态引导他们认识到自己的错误，并帮助他们改正。通过这样的方式，我们可以建立起一个积极、健康的家庭氛围，让孩子在成长的过程中得到更多的关爱和支持。

🍎 举个例子，假设你的孩子小明最近变得非常叛逆，不愿意听从你的安排和建议。这时候，你可以试着了解他的想法和需求，与他进行深入的沟通。也许你发现了一个新的兴趣爱好，想要投入更多的时间和精力去学习和探索。你可以给予他支持和鼓励，帮助他更好地发展自己的兴趣，同时也要引导他平衡好学习和兴趣之间的关系。

🖼 总之，面对孩子青春期的叛逆问题，我们需要深入了解孩子青春期的生理和心理情况，制定符合孩子特点的身心发展规划，以身作则成为孩子的榜样。如果你在这个过程中遇到了困惑或难题，欢迎在评论区留言分享，我会尽我所能为你提供帮助和支持。

#青春期叛逆 #家庭教育 #身心发展规划 #以身作则 #鼓励支持 #与孩子沟通 #建立信任感

重新生成   ⤴ ✉ 🗂 👍 👎

图 3-31　AI 产出小红书知识教程笔记案例

3. 小红书好物测评笔记 AI 提示词模板

你是一位小红书专门做【输入产品类型】测评的博主，需要写一篇小红书笔记，向关注你的用户分享不同产品的使用体验，现在要测评 x 款产品，产品 1 是【输入产品名】，优点是【输入体验感受】，缺点是【输入体验感受】；产品 2 是【输入产品名】，优点是【输入体验感受】，缺点是【输入体验感受】……

内容结构如下。

1）开头引入：第一段直接点明主题，突出这条笔记的价值点。

2）正文测评：要有红黑榜分类，说明每个产品的优缺点、效果、真实的使用体验、注意事项等，最好加上产品推荐或者不推荐的场景和理由。

3）结尾引导：引导用户和你互动、查看往期或关注即将更新的笔记，并在笔记最后加标签，标签的格式是"# 标签"。

创作要点说明：描述客观真实，避免捧高踩低；多表述产品细节，提升可信度；用丰富的表情来提升内容的可阅读性。

AI 提问案例

你是一位小红书专门做【厨具】测评的博主，需要写一篇小红书笔记，向关注你的用户分享不同产品的使用体验，现在要测评 2 款产品，产品 1 是【空气炸锅】，优点是【健康少油、操作简便】，缺点是【烹饪时间长、容量有限】；产品 2 是【家用烤箱】，优点是【功能多样、温度控制精确】，缺点是【占地面积大】……

内容结构如下：同上。

创作要点说明：同上。

AI 生成的回答如图 3-32 所示。

🔥红黑榜揭晓！空气炸锅和家用烤箱，究竟谁更胜一筹？🔥

👋hello，亲爱的小伙伴们！你们期待的厨具红黑榜来啦！这次我为大家带来的是空气炸锅和家用烤箱的全方位测评。究竟哪个更适合你的厨房呢？一起来看看吧！

🏆**红榜：空气炸锅**

👍**优点**

- **健康少油**：相比传统油炸，空气炸锅通过高速热风循环烹饪食物，用油量大大减少，更健康。
- **操作简便**：一键操作，简单易上手，连厨艺新手也能轻松做出美味佳肴。

👎**缺点**

- **烹饪时间长**：相比烤箱，空气炸锅的烹饪时间稍长一些，需要耐心等待。
- **容量有限**：适合小家庭使用，如果人数多或者需要烹饪大量食物，可能会显得不够用。

🏆**红榜：家用烤箱**

👍**优点**

- **功能多样**：不仅能烤面包、饼干，还能做蛋糕等，一机多用，满足你的各种烹饪需求。
- **温度控制精确**：烤箱的温度控制相对更精确，可以做出更多美食。

👎**缺点**

- **占地面积大**：相比空气炸锅，家用烤箱的体积更大，需要占据厨房的一定空间。

💡**使用体验**

- 空气炸锅适合快速烹饪少量食物，比如早餐的薯条和鸡翅。而家用烤箱则更适合周末的家庭烘焙时光。

📌**注意事项**

- 使用空气炸锅时，要注意不要过度堆叠食物，以免影响烹饪效果。
- 使用烤箱时，要注意预热，并且烤制过程中不要频繁开关门，以免影响温度稳定性。

🏆**推荐场景**

- 如果你是一个注重健康饮食、喜欢快速烹饪的小伙伴，那么空气炸锅会是不二之选。
- 而如果你热爱烘焙、喜欢尝试各种美食，那么家用烤箱将是你的厨房"神器"。

🔥最后，无论你选择哪款产品，记得按照说明书操作，注意安全哦！如果你还有其他问题或者想了解更多产品细节，欢迎在评论区留言，我会尽快回复你！

图 3-32　AI 产出小红书好物测评笔记案例

4. 小红书书评 / 影评笔记 AI 提示词模板

你是一位小红书博主，现在请你写一篇关于【输入图书名 / 电影名】的点评笔记，它的基本信息是：【输入图书 - 输入作者 / 出版社 / 出版日期】/【输入电影 - 输入导演 / 主演 / 上映日期】，主要内容为【输入图书/电影概要】，推荐的原因是【输入优点】，让你印象深刻的是【输入某图书/电影金句】。

内容结构如下。

1) 开头引入：开头展示标题和图书/电影信息。

2) 引言表达情感：提及图书/电影对自己的影响，强化情感联系。

3) 图书/电影内容概述：对图书/电影内容进行介绍和说明。

4) 体验评价：表达为什么会推荐这本书或这部电影。

5) 细节解读：对某个篇章或内容细节进行详细介绍，增加真实感。

6) 推荐人群：该图书/电影可以帮到谁、推荐给谁看。

7) 收尾总结：结束语，鼓励用户阅读或观看。

创作要点说明：情绪饱满，内容真实；文章中多使用表情，提升趣味性和亲切感；文案最后加标签，格式为"# 标签"，帮助提高内容的可见度。

AI 提问案例

你是一位小红书博主，现在请你写一篇关于【社群营销实战手册：从社群运营到社群经济】的点评笔记，它的基本信息是：图书作者秋叶、邻三月、秦阳，人民邮电出版社 2018 年出版。主要内容为【解读社群的玩法，提供社群干货和营销实战案例】，推荐的原因是【很细致】，让你印象深刻的是【有一节专门讲小社群和大社群遇到的"坑"，自己几乎全踩过一遍】。

内容结构如下：同上。

创作要点说明：同上。

AI 生成的回答如图 3-33 所示。

📖 《社群营销实战手册：从社群运营到社群经济》：社群营销的"避坑宝典" 🔍

🎉 开篇小惊喜：今天我要为大家推荐一本实用的书籍——《社群营销实战手册：从社群运营到社群经济》！这本书由秋叶、邻三月、秦阳联合打造，由人民邮电出版社出版，自2018年上市以来就备受瞩目。🌼

💡 这本书最吸引我的地方在于它的细致程度。作者们不仅解读了社群的玩法，还提供了大量的社群干货和营销实战案例。这些内容让我对社群营销有了更深入的了解，也让我在营销过程中避免了许多不必要的错误。🌸

📖 在书中，作者们详细介绍了社群营销的核心内容，包括社群构建、运营策略、推广方法等方面。这些内容既有理论知识，也有实战案例，让我在阅读过程中不断收获新的启示和灵感。📔

🐚 特别值得一提的是，书中有一节专门讲述小社群和大社群遇到的"坑"。这部分内容让我印象深刻，因为我几乎全踩过一遍这些"坑"！通过阅读这部分内容，我不仅了解到了这些"坑"的具体表现，还学到了如何避免和应对这些问题。这对我这个社群营销新手来说，无疑是一笔宝贵的财富。😀

❤️ 这本书非常适合那些对社群营销感兴趣但缺乏经验的小伙伴。无论你是刚刚开始涉足社群营销，还是已经有了一定的营销经验，这本书都能为你提供宝贵的指导和建议。通过阅读这本书，你将能够更好地理解社群营销的核心要素和营销策略，从而在实际操作中取得更好的效果。🤚

🐟 总的来说，《社群营销实战手册：从社群运营到社群经济》是一本非常值得一读的书。它不仅内容丰富、细致入微，还具有很强的实用性和可操作性。如果你也想提升自己的社群营销能力，那么我强烈推荐你阅读这本书！📖

#社群营销实战手册 #秋叶 #邻三月 #秦阳 #人民邮电出版社 #社群运营 #避"坑"宝典 #实战案例 #细致解读 #推荐书籍

图 3-33　AI 产出小红书书评 / 影评笔记案例

　　始终记住：AI 是提效工具，作为博主，持续输出对用户有价值的优质笔记，才是"涨粉"、变现的基础。

AI 辅助:

零基础创作小红书高赞视频

4.1

脚本策划：高质量脚本创作流程，即学即用

对想拍视频的小红书博主来说，当其找到合适的选题之后，接下来非常重要的一步就是写脚本。

脚本是视频拍摄的基础，相当于电影的剧本。很多新手博主压根儿没有写脚本的习惯，想到哪就拍到哪，结果视频拍得不顺利，因为内容没有经过系统设计，最后展现的效果不吸引人，辛辛苦苦拍视频、剪视频，视频发出后却无人问津……如果你提前写好了脚本，就可以在很大程度上规避这些问题，本节就来了解一下视频脚本，并且带大家搞定视频的脚本拆解和结构，让新手也能拍出高质量的视频。

4.1.1

一看就懂：小红书视频脚本 7 要素

写脚本是视频创作中非常重要的一环，但是新手博主面临的问题往往是不会写脚本，写出来的脚本质量不高，不能持续生产出高质量的脚本。

脚本有什么作用？为什么要写脚本？

脚本核心的作用有两个。

①提高视频拍摄效率。

脚本就是视频的拍摄框架。

有了框架之后才能更加游刃有余，才能明确前期怎么准备、场景怎么搭建、后续怎么拍摄、最终怎么剪辑。有了这个框架你的大

方向才会更加明确，步骤才会更加具体。

就像写文章一样，先有文章框架，再根据框架去补充内容，这样写起来思路更清晰，方向不会跑偏，效率也更高。

②保证视频拍摄质量。

想要内容质量高，有好的流量和转化，视频的每一步必须要精雕细琢，一般要考虑到的因素包括拍摄背景、出场人物、所用道具、台词和背景音乐、拍摄及剪辑技巧、场景转换等。

一般来说，脚本7要素如下。

①拍摄场景。

根据内容确定拍摄的场景。例如：读书博主的视频，拍摄场景就选择在书房；美食类视频，拍摄场景就选择在厨房；旅行类视频，拍摄场景就选择在旅行目的地；等等。

②镜头镜号。

镜号就是镜头的序号，给每一个要拍的镜头编号，记录下拍摄顺序，协助后期剪辑。

③画面内容。

你的视频想要表达什么样的场景，具体要拍摄什么物品，哪些人物和物品会出镜，这些内容都要用文字的形式展现出来。

④景别。

在视频拍摄中，一般会有远景、全景、中景、近景、特写五种景别，为了让视频内容更丰富，不至于过于单调，可以运用不同的景别。

⑤台词。

台词指视频中的人物台词或者画外音。

⑥拍摄时长。

拍摄时长指每个单镜头的视频，以及视频整体的时长。

⑦背景音乐。

背景音乐是视频必不可少的一部分，好的背景音乐甚至能起到画龙点睛的作用。选择合适的背景音乐、音效或者配音，能够为作品增光添彩。

小结

不管是新手博主还是成熟博主，拍视频前都要写好脚本，这会让你的创作更加得心应手。

视频脚本的 7 要素如下。

1. 拍摄场景。

2. 镜头镜号。

3. 画面内容。

4. 景别。

5. 台词。

6. 拍摄时长。

7. 背景音乐。

从今天起，养成写视频脚本的好习惯吧！

4.1.2

10 分钟写出一个好脚本："傻瓜式"脚本标准流程（SOP）策划表

前文讲了视频脚本的 7 个要素，这一小节主要讲小红书的视频脚本到底该怎么写。

首先需要了解常见的脚本类型和使用场景。

视频脚本主要有 3 种类型：提纲脚本、分镜头脚本和文学脚本。

①提纲脚本。

提纲脚本，顾名思义可以理解为"提纲挈领式的脚本"，这类脚本主要应用于日常 Vlog 拍摄，比如生活场景拍摄、旅游景点讲解、探店视频、美食制作等。

提纲脚本的编写主要是展示什么人在什么场景做了什么事，所以需要提前把每一步的流程写清楚，把必要的拍摄内容写成提纲，按步骤一步步拍摄执行。

策划一个提纲脚本有 4 个主要步骤。

第一步，确定主题。

拍摄任何一个视频都需要有一个明确的主题，视频主题需要提前说清楚，以便让你的用户第一时间了解视频的主题，比如一个美食探店类的视频就可以在开头用一句话告诉用户："今天带大家去打卡一家非常好吃的 ×× 小吃"，测评类的视频在开头告诉大家"今天是一期面膜 / 眉笔的测评开箱"等。

第二步，情景预估。

在拍摄过程中可能会出现一些提前无法预估的情况，所以在开拍前可以把可能遇到的情况尽量都预估到，可以罗列一个表格，标明出现了什么样的事情应该怎么办，准备好应对方案，哪怕出现了意外情况也可以尽快调整，不会影响拍摄进度。

第三步，信息整理。

很多新手博主拍视频的过程中会遇到卡壳的情况，会一时语塞不知道说什么，这就是信息收集整理不充分的情况，要提前准备好拍摄场景或者提前了解拍摄对象的知识，要不然就会出现卡顿或者出错的情况。比如你是一个美妆测评博主，在测评产品前没有做好准备，把成分说错了，这是一件很尴尬的事。

第四步，确定方案。

在前面 3 个步骤完成之后，最后要确定方案，方案主要包括拍摄时间线、拍摄场景、话术 3 个部分。

拍摄时间线是指先拍摄什么画面再拍摄什么画面，按照拍摄时间顺序罗列好；拍摄场景就是要确定视频在什么场景下拍摄，比如美食类视频在厨房拍摄，探店类视频在餐厅拍摄；话术就是指每一步要说什么话，每个镜头要配什么样的文案，这些都要提前准备好。

②分镜头脚本。

相比提纲脚本，分镜头脚本相对来说就会更加细致。由于某些视频涉及的镜头比较多，所以会使用分镜头脚本。分镜头脚本就是用连续的文字来描述视频场景的一连串镜头，是把视频的内容拆分成单个镜头的过程，相当于整个视频的制作说明书。

分镜头脚本的内容包含的细节比较多，前面提到的脚本 7 要素基本都会涉及，包括景别的选择、拍摄的方法与技巧、镜头时长、镜头画面内容、背景音乐音效、字幕等元素。

分镜头脚本不仅包括完整的故事，还要把故事的情节翻译成镜头语言。每一个镜头里面要包含许多拍摄和制作上的细节，例如：画面、镜头运动、声音和字幕等。分镜头脚本示例如图 4-1 所示。

镜号	拍摄场景	景别	镜头时长	画面内容	人物台词	背景音乐
1	城市街道	远景	5秒	显示繁忙的街道	台词："这里，就是一切的开始。"	城市背景音
2	主角家	中景	7秒	主角在厨房做饭	台词："今晚，给他一个惊喜。"	锅铲声，油烟机声
3	餐桌	近景	10秒	主角和丈夫面对面坐着	台词："尝尝这个，我新学的。"	餐具碰撞声
4	卧室	特景	5秒	主角躺在床上，望着天花板	旁白："为什么，我们之间变了？"	轻柔的钢琴音乐
5	公园	全景	12秒	主角在公园散步，思考	台词："我需要找到答案"	鸟鸣声，微风声
6	咖啡馆	近景	8秒	主角与上司面对面坐着	台词："我觉得，我们之间……"	咖啡馆内背景音
7	河边	远景	15秒	主角站在河边，望着远方	旁白："也许，这是新的开始。"	流水声，微风声

图 4-1　分镜头脚本示例

③文学脚本。

文学脚本是一种将文字故事或小说转化为视觉表现形式的基础脚本形式。

这种脚本通常以镜头语言来叙述故事，其中包括场景设置、人物角色、对白、动作等元素。文学脚本比分镜头脚本更为粗略，适合那些不需要复杂剧情的视频，如教学视频、知识分享等。

文学脚本的关键点在镜头拍摄要求上，一般创作这类脚本时，将拍摄思路罗列出来，规定好人、物需要做的任务、说的台词、选用的镜头和节目时长，如图4-2所示。

选题：一个视频，帮你解决打印难题

演员：领导、某员工

场景：办公室

领导生气道：小辛，我让你打印的文件呢？（温柔）

某员工：领导，在这呢。

领导：我让你打印在一张纸上！想走人啊！（凶）

某员工：领导，补上就好了。

领导气到发抖：你……那我发你的长表格呢？

某员工：打出来了领导！（递给领导）

领导接过说道：浪费这么多纸？

某员工：领导，这表格这么长，不这么打，看不全的！（插录屏）

翻书特写：一看就没有书！

录屏教学：想要把表格打印到一张纸上，先找到页面布局，点击页面设置小箭头，选择"调整为"，页宽和页高都设置为 1 就搞定啦！想要把长表格都打印到一张纸上，按"Ctrl+A"组合键全选表格，复制粘贴，保留原格式到 Word 文档里；接着选择"布局"，根据具体情况选择两栏或三栏；然后选中表格，选择"表格工具→布局→自动调整"，根据窗口自动调整；再选中表头，选择"表格工具→重复标题行"，就搞定啦！

某员工晕乎乎起身：还是领导……

领导：这图片打印得黑黢黢的，你看得清啊？

录屏教学：选中图片，右击图片，选择图片格式，在"图片校正"对话框将对比度调成 100%，清晰度调成 30%，再打印就可以啦。

图 4-2　文学脚本示例

说完 3 种视频脚本类型之后，再来了解写出一个脚本策划表的思路，在开始下笔写视频脚本前，你必须先确定好拍摄此条视频的思路。

①明确视频定位。

一般来说，每个账号都有自己非常明确的定位，比如美妆、护肤、穿搭、母婴、育儿、教育、读书、美食等，所以在策划视频之前，一定要确保你的视频符合账号的定位，不管是普通用户还是平台，都偏爱垂直的内容。

如果是普通人，拍的内容杂乱或者什么领域都浅尝辄止是很难"出圈"的，坚持一个垂直的赛道，才能有机会突围。

②明确视频主题。

在确定大的赛道和大方向之后，接下来要确定视频的拍摄主题，只有主题确定了视频才能开拍。

比如美食赛道的账号，还可以继续细分主题，是适合上班通勤的家常菜，是适合减肥人群的减脂餐，还是适合儿童的营养餐，这就是具体的主题。

③明确视频拍摄时间和时长。

如果你是团队合作，拍摄视频需要多人合作，那么就要安排好拍摄时间，方便参与人员分工协作。此外也要明确视频拍摄的时长，是 3 分钟还是 5 分钟，时长不同，视频的内容也大有不同。一般情况下，在能够表达清楚的情况下，视频时长越短越好，这样完播率会比较高。

④明确视频拍摄地点。

在视频拍摄之前，要想好拍摄的具体场景，是室外场景还是室内场景。再具体一点，室外场景是街道还是广场，室内场景是书房、厨房还是客厅。

对室外场景来说，白天拍摄和晚上拍摄的条件完全不同，室内拍摄的影响则没有那么大，所以提前确定好视频拍摄地点才能不影响拍摄进度。

⑤参考同类优秀视频。

对新手来说，刚开始拍摄的时候往往没有思路，不知道如何下手，这个时候就可以去看同领域其他博主的视频，参考他们的拍摄场景、拍摄画面、景别、台词以及背景音乐，从成熟博主那里学习视频拍摄手法和技巧。

⑥选择背景音乐。

背景音乐是视频的必要构成部分，很多视频因背景音乐配得好而走红网络，选择合适的背景音乐非常关键。

比如拍摄中国风视频则要选择节奏偏慢的中国风音乐；拍摄运动风格的视频就要选择节奏感比较强的音乐。同样也可以多去留意其他"爆款"视频的背景音乐是怎么选择的。

下面以一个篮球场的运动场景为例，来演示视频脚本怎么写，如表4-1所示。

表4-1　脚本创作案例

场景	镜号	景别	画面内容	台词/文案	背景音乐	时长
篮球场	1	全景	篮球场上比赛气氛十分激烈，比赛双方都在努力奋战中	××大学篮球馆，A队和B队在进行一场精彩的比赛	比赛场地激烈的声音	3s
篮球场	2	特写	空中划过一道完美的弧线，B队投进了一个三分球	B队命中一个三分球	同上	2s
篮球场	3	特写	分数牌上显示79比80，而时间只剩下不到30秒了	现在A队还落后一分，局势十分不利	紧张的音乐	2s
篮球场	4	中景	A队最后一波进攻，球传到了小王手上	球到了小王手上，A队能创造奇迹吗	有节奏的心跳声	4s
篮球场	5	特写	小王有节奏地运球，表情严肃，凝视着篮筐，脸上满是汗珠	小王充满了胜利的渴望	倒计时声音	3s
篮球场	6	特写	篮筐		同上	2s
篮球场	7	全景	在B队的严防死守之下，小王一记后仰跳投，篮球飞了出去	小王一记后仰跳投，A队能在最后时刻逆转成功吗	无声音	2s
篮球场	8	特写	镜头扫过观众、教练、两队的队员，他们瞪大了眼睛，牢牢盯着篮筐		倒计时声音	3s
篮球场	9	特写	篮球命中篮筐	球进了！A队赢了	比赛结束吹哨声	2s
篮球场	10	全景	全场沸腾了，A队的队友冲向小王，围着他庆祝胜利		欢呼声	3s

表 4-1 就是一个简单的视频脚本全流程，其实写好一个脚本真的不难，大家一定要自己实践起来呀！

小结

短视频脚本的 3 大类型：提纲脚本、分镜头脚本、文学脚本。
短视频脚本的创作思路如下。

1. 明确视频定位。

2. 明确视频主题。

3. 明确视频拍摄时间和时长。

4. 明确视频拍摄地点。

5. 参考同类优秀视频。

6. 选择背景音乐。

4.1.3
下班就能拍：分镜头脚本实拍范例解析

前文讲解了视频脚本的 7 要素和写出视频脚本的策划表，可能很多人还是"一看就会，一做就废"，但不要忘了还可以利用 AI 工具。本小节以一个实际的案例，来展示如何用 AI 工具写出一个分镜头脚本。

脚本的需求包括脚本字数、主题、包含的情节、对话和情感表达等，如图 4-3 所示。

任务：请你创作一个1 500字左右的分镜头脚本，以多次减肥最终成功为主题，包括

分镜头脚本应该包含的情节、对话和情感表达，以实现打动观众的效果。

要求：

1.在脚本中注明情节、情感表达和对话的内容，以帮助演员和摄影师更好地理解

和呈现脚本内容。

2.请以流畅易懂的方式表达情感，使观众能够深刻感受到情节的内涵。

3.请确保脚本中没有涉及任何违规内容，以保持作品的纯净和积极向上的形象。

4.请在提交分镜头脚本前进行校对和修改，以确保文本的准确性和连贯性。

图4-3　向AI提出具体需求

AI生成的回答如图4-4所示。

分镜头脚本：《多次减肥，最终成功》

情节

镜头1：开场，主人公小梅胖胖的身影出现在屏幕上，她坐在沙发上，手里拿着一块蛋糕，看起来很绝望。
对白：(小梅) 我已经尝试过好几次减肥了，可是每次都失败了。

镜头2：小梅看到电视里有一个健康减肥的节目，里面介绍了健身和饮食的方法。
对白：(小梅) 也许这次我可以尝试一下这个方法。

镜头3：小梅开始规律运动，每天早上去健身房，汗水淋漓地做各种运动。
对白：(教练) 加油，坚持就是胜利！

镜头4：小梅开始控制饮食，每天吃清淡食物，少油少盐。
对白：(朋友) 加油，你一定可以的！

镜头5：小梅经过一段时间的努力，她的身材慢慢变得苗条起来，脸上也露出了笑容。
对白：(小梅) 终于成功了！

情感表达
通过小梅不断尝试减肥最终成功的过程，让人感受到坚持和努力的重要性，传递出希望和励志的正能量。

对白表达
在朋友和教练的鼓励下，小梅不断努力，坚定信心，最终成功减肥，展现出她的毅力和勇气。

结尾
镜头6：小梅穿上了一身合身的新衣服，自信地走在街上，周围的人都在表扬她的变化。
字幕：多次尝试，最终成功。愿每个努力的你都能实现梦想！

(全片结束)

图4-4　AI的答复

脚本基本的框架有了，但是感觉还不够具体，这个时候就可以

继续给AI下达指令，如图4-5所示。

我

内容还是有点太简单了，请帮我再丰富一下，加入人物的情绪和对话。

图 4-5　继续给 AI 下达指令

于是 AI 又会继续进行创作，最终结果如图 4-6 所示。

AI

分镜头脚本：《多次减肥，最终成功》

情节
镜头1：开场，主人公小梅胖胖的身影出现在屏幕上，她坐在沙发上，手里拿着一块蛋糕，表情沮丧，泪水在眼眶打转。
对白：(小梅) 每次的失败都让我感觉心力交瘁，这次我不知道还能不能坚持减肥了。
镜头2：小梅在电视上看到了一个健康减肥的节目，节目里介绍了成功减肥者的故事，小梅眼里闪过一丝希望，激动地抹去眼泪。
对白：(小梅) 或许这次我能够战胜自己，找到自信的自己。
镜头3：小梅开始在健身房做运动，汗水浸透她的运动服，她拼尽全力跑步，眼神中透露出坚定的决心，教练在一旁鼓励着她。
对白：(教练) 坚持下来，你一定能够做到！每一步都是向成功迈进的关键。
镜头4：小梅开始控制饮食，她在超市里挑选食材，放下高热量零食，拿起新鲜蔬果，眼神中透露出坚持的决心。
对白：(小梅) 我不再迷失在食物的诱惑中，健康的饮食才能让我重新找回自我。
镜头5：小梅经过一段时间的努力，她的身材逐渐收缩，原本穿着紧绷的裤子突然显得宽松了许多，她在镜子前微笑，泪水滑落。
对白：(小梅) 看到自己的变化，我感受到了自己的力量，我终于成功了！

情感表达
透过小梅的失落、希望、奋斗和最终成功，观众能够深刻感受到减肥之路的辛苦与收获，传递出坚持和励志的正能量。

对白表达
小梅与教练的互动展现了她内心的坚持，最终她减肥成功，这种自我挑战精神值得我们学习。

结尾
镜头6：小梅穿上了一身合身的新衣服，房间里摆满了她减肥成功的相册和奖章，她自信地走在街上，路人都投来羡慕的目光。
字幕：多次尝试，最终成功。每一次的努力都不曾白费，愿每个努力的你都能实现梦想！

(全片结束)

图 4-6　AI 最终答复

把这个脚本再进行润色，要求 AI 以表格的形式呈现，最终结果如表 4-2 所示。

表 4-2　润色后的脚本

场景	镜号	景别	画面内容	台词 / 文案	背景音乐	时长
沙发	1	近景	小梅坐在沙发上，手里拿着一块蛋糕，表情沮丧，泪水在眼眶打转	减肥又失败了，不知道还要不要继续坚持	忧伤的音乐	3s
客厅	2	特写	在电视上看到了一个健康减肥的节目，节目里介绍了成功减肥者的故事，小梅眼里闪过一丝希望		电视背景音	3s

场景	镜号	景别	画面内容	台词 / 文案	背景音乐	时长
健身房	3	中景	小梅开始在健身房做运动，汗水浸透她的运动服，她拼尽全力跑步，眼神中透露出坚定的决心，教练在一旁鼓励着她	教练画外音：加油！已经完成 5 千米了，再来 5 千米！	动感的音乐	5s
超市	4	中景	小梅在超市里挑选食材，放下高热量零食，拿起新鲜蔬果，眼神中透露出坚持的决心	小梅画外音：于是我开始坚持锻炼，坚持低热量饮食	激情澎湃的声音	4s
卧室	5	中景	小梅的身材逐渐消瘦，原本穿着紧绷的裤子突然显得宽松了许多，她在镜子前微笑，泪水滑落		动感的音乐	3s
同上	6	特写	体重秤显示体重为 50 千克	经过三个月的努力，我成功瘦了 7.5 千克	同上	2s
商场	7	中景	小梅在商场买衣服遇到了朋友，他们惊呼小梅怎么瘦了这么多		动感的音乐	2s
马路	8	特写	小梅充满信心地走在马路上，步伐轻盈、满脸微笑，还有路人频频投来羡慕的目光	这一次，我终于做到了	有节奏感的音乐	3s

  是不是没有想过 AI 还能创作脚本呢？除了可以用 AI 直接生成脚本之外，我们还可以给 AI 投喂一些脚本的物料，让 AI 进行总结然后进行二次创作，这种情况下创作出来的脚本质量会更高、更有针对性。

4.2

零起步拍摄：获万粉博主同款高清视频

在秋叶小红书训练营里，有学员经常说，感觉别的博主拍摄的视频很清晰、质量很高，是不是都是用专业设备拍的？是不是自己也要去购买单反才能拍出这样的视频呢？

想必这也是很多新手博主的疑问。其实很多博主的视频都是用手机拍摄出来的，并不需要特别高端的设备，只是很多人没有掌握拍摄方法。

此外，很多视频看起来质量很高，构图设计是关键。那么本节就来学习如何用手机拍出高质量的视频。

4.2.1

一个人，一部手机，一个辅助器就能拍

工欲善其事，必先利其器。想要拍出优秀的视频，拍摄前的准备工作很重要，比如选择拍摄设备、选择收音和补光设备，以及知道如何防止视频画面抖动等。本小节将会从这几个方面带你快速做好拍摄前的准备工作。

首先是拍摄设备的问题，目前，对大多数新手博主来说，手机是最合适的拍摄设备。

虽然很多专业设备功能很丰富，但是操作起来也比较复杂，学习成本高，而且往往比较沉重，不像手机那么便携、易操作、好上手。同时，相比于专业设备的高昂价格，日常使用的手机则不需要额外的花费，对新手博主非常友好。

目前市场上的主流手机都能满足绝大部分的拍摄需求。而且大多数博主要么是拍摄口播视频，要么是拍摄日常场景，手机已经足够了。

那么应该如何利用手机拍出高质量的视频呢？有几个关键问题要解决：比如收音效果、视频稳定性、画面光线等。

1. 收音效果不好？ 4 招帮你解决收音问题

如果你经常在户外拍摄，会面临环境嘈杂的问题，这时直接用手机收音的话，会出现声音不清晰、噪声大的问题，严重影响视频的观感。那么如何才能提高拍摄的收音效果呢？这里教给大家 4 个解决办法。

①使用带有麦克风的耳机收音。

大多数耳机都会带有麦克风，直接使用耳机上的麦克风（如图 4-7 所示）就可以进行声音的录制。如果在户外遇到大风，可以在麦克风上缠绕一层纸巾来降噪。

②使用插线麦克风。

除了耳机的麦克风之外，还有一种适合在手机上使用的插线麦克风（如图 4-8 所示），把麦克风直接插入手机，在录制视频的时候就可以通过麦克风进行收音，也可以用领夹将其固定在领口。

图 4-7　带麦克风的耳机

图 4-8　插线麦克风

③使用无线麦克风。

插线耳机或麦克风一般都有连接线，这些线一方面会限制互动自由度，另一方面可能也会有"听诊器效应"，影响收音效果，尤其是在运动场景下。

在这种情况下，无线麦克风就是一个很好的选择，无线麦克风（如图4-9所示）一般分为信号发射端和信号接收端，在录制视频的时候，将信号发射端固定在身上，将信号接收端与手机相连，这样就可以进行远距离收音。

④进行后期配音。

如果前面这些设备你暂时都没有，那么还有一种选择，就是在完成视频拍摄之后，在安静的室内对视频进行单独配音。

进行录音时，正面握持手机，让手机麦克风位于与下巴平齐的位置，这样录制的时候就可以防止呼吸喷麦的问题。

不过后期配音可能会面临着音画不同步的问题，所以一般比较适合节奏比较慢的视频。

2. 一个人怎么拍视频？手机支架来帮忙

如果你是一个人拍视频，没有搭档协助拍摄，这时一个可以自由调节高度与角度的手机支架就会成为你最好的帮手，如图4-10所示。

一个可以调节高度的手机支架会使你在拍摄时非常灵活，在进行人物活动范围较大画面的拍摄时，可以将手机支架高度调节至人物腰部以上、胸部以下的位置，在进行人物动作特写拍摄的时候，可以将手机支架高度降低，还可以将手机向下倾斜固定，这样拍出来的画面取景范围小，被拍摄的对象所占画面比例大，有突出强调的效果，也能更好地呈现细节。

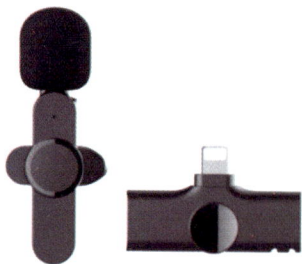

图4-9　无线麦克风

图4-10　可以调节高度的手机支架

　　灵活调整手机支架高度与手机拍摄角度，就可以得到不同视角的画面，对后期剪辑出层次丰富的视频有非常大的帮助。

3. 视频画面太暗？这些补光小技巧请收好

　　在拍摄视频时，光线对画面的质量起到决定性的作用。在光线不足的情况下，比如在室内或在阴天、夜晚进行拍摄时，自然光线不足就需要补充环境灯光。哪怕在光线充足的情况下，合理补充灯光也会让画面看起来质量更高，比如美食类的视频，在补充灯光之后会让食物看起来更有色泽。

　　接下来介绍几种可以用来补光的设备。

　　①环形补光灯。

　　环形补光灯对视频拍摄新手来说是非常友好的。与其他的补光设备相比，它的价格相对较低，并且不需要考虑打光方位，直接从人脸的正面进行打光即可，补光时可以调整自己的位置，让家里的顶灯等光源在自己的斜后方，这样配合用光，就可以在有面光的同时，再增加人物轮廓光。环形补光灯如图4-11所示。

②平板补光灯。

在桌面拍摄时，如果还需要将产品拿在手上进行介绍，那么最好增加两个平板补光灯，分别架在人物的左右两侧进行辅助补光，实现三灯布光。

这样拍摄出来的画面光线明亮柔和，可以直接提高视频画面的质感。平板补光灯有各种价位，根据自己的需求和预算匹配购买即可。平板补光灯如图 4-12 所示。

图 4-11　环形补光灯

图 4-12　平板补光灯

③反光板。

除了补光之外，合理利用反光也是一个很好的方法。反光板是利用自然光的反射来进行补光的，所以只有在白天且光线条件好的情况下才能发挥作用，在拍摄近景时使用较多。比如在逆光环境下拍摄人像，则可以使用反光板对人物脸部进行补光提亮。反光板如图 4-13 所示。

图 4-13　反光板

4. 运动中拍视频太抖？3 招轻松稳定画面

如果在运动场景中拍视频，会存在画面抖动的情况，不仅会影响观感，还会导致视频质感降低。为了最大限度地减少画面抖动情况，教你 3 招轻松稳定画面。

①开启手机的视频防抖功能。

目前市面上绝大多数的智能手机，都在相机中的录像模式中内置了防抖功能。打开相机并切换到录像模式后，打开视频防抖功能即可，如图 4-14 所示（不同的手机页面显示不同，仅供参考），如果手机有不同的防抖等级，可切换防抖等级。

②使用手持稳定器。

在拍摄视频时，如果有一些剧烈的运动场景，可能需要跟着被拍物体进行大幅度运动，这时，手机自带的防抖功能显然就不太够用了。为了保证更好的拍摄效果，可以选择手持稳定器来辅助拍摄，如图 4-15 所示。

图 4-14　打开视频防抖功能

图 4-15　手持稳定器

稳定器的好处在于，会通过内置的陀螺仪精确校准手机拍摄过程中的移动方向，然后利用马达使镜头始终保持相对平稳的状态。这种防抖技术，可以使手机在移动过程中均衡受力，在运动的状态下拍出流畅顺滑的运镜画面。

③使用科学的拍摄姿势。

除了开启手机自带的防抖功能和使用稳定器之外，还可以通过改善拍摄姿势来减小视频画面的抖动幅度。

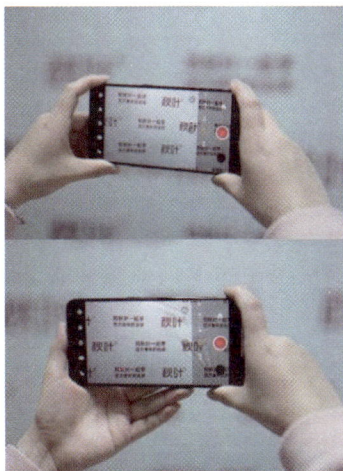

图 4-16　科学的拍摄姿势让画面更稳

在双手握持手机进行拍摄时，为了保持画面稳定，可以采用图 4-16 所示的两种姿势来稳定画面。

小结

如何利用手机拍出高质量的视频？

1. 利用麦克风解决收音的问题。

2. 用手机支架解决一个人拍摄的问题。

3. 用补光灯解决画面过暗的问题。

4. 用防抖功能、稳定器以及科学的拍摄姿势解决视频抖动的问题。

4.2.2
用好手机隐藏拍摄功能，妥妥拍出创意大片

虽然现在手机拍摄越来越普及，大家越来越习惯用手机解决日常的拍摄问题，但是绝大多数人的拍摄水平还只停留在一键按快门的基础操作中，没有把手机隐藏的拍摄功能用起来。

现在的手机拍摄功能已经非常强大了，很多手机厂商也把拍摄功能的升级作为卖点。那应如何利用手机提高拍摄水平呢？本小节就来带大家了解几个非常实用的手机隐藏拍摄功能，让你用手机也能拍出创意大片。

1. 感觉视频不清晰——调整相机格式

有些学员反馈自己手机拍摄出来的视频清晰度不高，或者没有质感，怀疑是不是只有专业的相机才能拍出高质量的视频，其实现在的很多手机都可以拍摄 4K 的视频，只是很多人不知道怎么调整。

以 iPhone 手机为例，在相机的设置里面，其实是可以调整录制视频的规格的，从基本的 720p 视频到超高清的 4K 视频都可以拍摄，如果想要拍摄高质量、清晰度更高的视频，可以选择更高的输出规格。手机调整拍摄参数页面如图 4-17 所示。

2. 感觉视频色彩不好看——开启 HDR 功能

很多人都有一种感觉，同样是用手机拍摄，但是为什么有的人拍出的照片色彩非常鲜艳，而自己拍的内容总觉得没有质感呢？除了后期的调整之外，还有一个原因就是，有的人开启了 HDR 功能。

HDR，中文全称为高动态范围，它的工作原理是按下快门的瞬间同时拍摄三张不同曝光程度的照片——过度曝光、正常曝光和欠曝光，这三张照片分别捕捉到了场景中的亮部、中间调和暗部细节。

然后通过将这三张照片结合在一起，同时保留亮部和暗部的细节，这样照片会更加清晰、有质感。

视频同样也有 HDR 功能，与传统拍摄方式相比，使用 HDR 功能能够更好地平衡场景中的光线分布，避免因光线过亮或过暗而导致细节丢失。无论是拍摄风景、人像还是其他类型的照片，HDR 功能都能让照片中的细节更加丰富，色彩更加鲜艳。通常在手机相机设置里即可开启该功能，如图 4-18 所示。

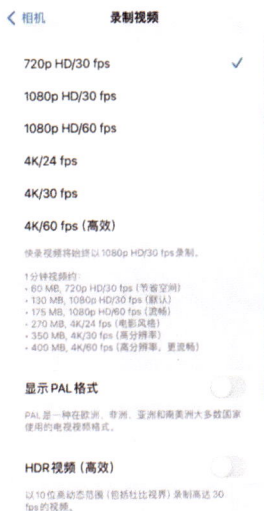

图 4-17　手机调整拍摄参数页面　　图 4-18　开启 HDR 功能页面

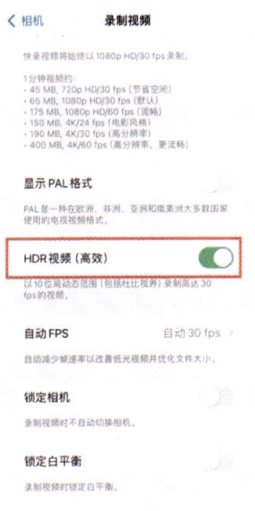

3. 感觉手机功能简单——开启专业模式

手机相对于专业设备的一个弊端就是手机的操作模式过于简单，可以调整的参数不多，有时候很难充分挖掘出手机拍摄的全部功能。

但是其实现在很多手机都有专业拍摄模式，或者可以通过第三方的 App 来实现专业的拍摄，对有一定拍摄基础的人来说，专业模式无疑是一个巨大的宝藏。

在手机的专业模式中，你可以获得操纵相机的感觉，有很多参数可以自由调整。

比如通过手动调节曝光补偿、感光度、白平衡和对焦方式等参数，你可以完全掌控拍摄的每一个细节，来获取更好的拍摄效果。手机的专业模式如图4-19所示，也可以在应用市场搜索"专业相机"，借助第三方 App 实现。

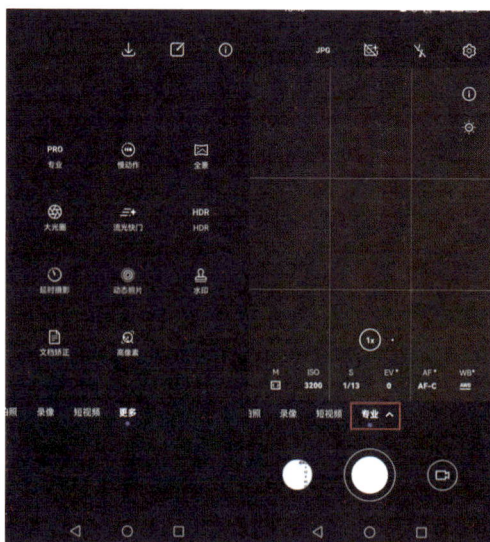

图 4-19　手机的专业模式

4. 用手机拍出炫酷的特效镜头

相对于专业的相机来说，现在的手机越来越智能化和便利化，手机可以轻松拍出一些非常炫酷的效果，而且操作非常简单，比如延时摄影（如图 4-20 所示）可以拍出时间快速流逝的感觉，比如慢动作摄影（如图 4-21 所示）可以捕捉到运动精彩的瞬间。这些功能按钮在手机拍摄键附近通常可以找到。

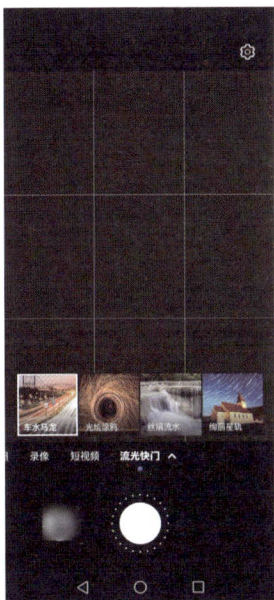

图 4-20 手机延时摄影页面

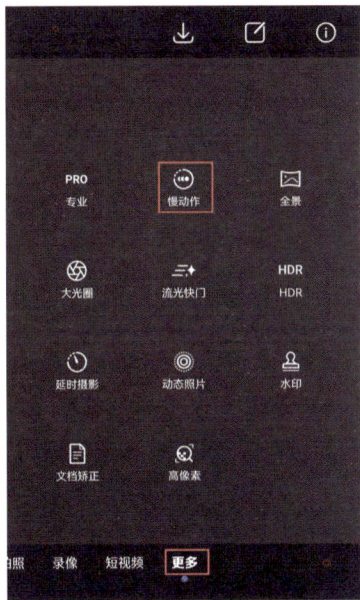

图 4-21 手机慢动作摄影页面

　　如果想要用专业设备实现这些效果，要么操作复杂，学习成本高，要么设备昂贵，耗费时间长，但是现在仅需一台手机，就可以轻松实现这些炫酷的拍摄效果。手机拍出的星轨效果，如图 4-22 所示。

图 4-22 手机拍出的星轨效果

小结

如何解锁手机隐藏功能，拍出高质量大片？

1. 通过调整视频的拍摄规格来提升拍摄质量。

2. 通过开启 HDR 功能来提升画面质感。

3. 通过开启相机专业模式来提升拍摄体验。

4. 通过手机自带的特效功能拍出炫酷的效果。

4.2.3

掌握 9 大构图技巧：拍出高级感

很多新手博主经常表示，同样的设备，同样的场景，为什么别的博主拍出来的照片和视频非常好看且高级，而自己拍的总觉得不够精致，看起来不够舒服呢？

其实除了前文提到的拍摄技巧之外，还有一个非常重要的因素会直接影响拍摄内容的好坏，那就是构图。

无论是拍景还是拍人，构图的好坏都会影响画面给人的视觉感受。掌握了构图方法，拍摄出来的视频画面会更加精致。

以下是拍摄视频时常用的 9 种构图方法。

1. 中心构图法

中心构图法，顾名思义是将主体放置在画面中心进行拍摄的构图方法，适用于大多数拍摄场景。

使用这种构图方法拍摄出来的画面，主体非常突出，而且画面可以达到平衡的效果。

使用中心构图法拍摄时，要注意视频主体和背景的选择。如果选择不好，可能会使照片显得沉闷呆板。在拍摄时最好选择简洁的背景或者选择与被拍主体反差较大的背景，这样能使被拍主体一目了然，如图 4-23 所示。

图 4-23　中心构图法

2. 九宫格构图法

九宫格构图法又叫井字形构图法，是黄金分割构图法的简化版，就是将视频画面等分为 9 个区域，这样画面中就会出现 4 个交点，即 4 个视线汇聚点，如图 4-24 所示。

图 4-24　九宫格构图法

在采用九宫格构图法时，要尽可能把主体放在这 4 个交点上（任意 1 个即可），这样拍出来的视频看起来更加协调，如图 4-25 所示。

图 4-25　九宫格构图法

3. 对称式构图法

对称式构图法就是将画面分为对称的两部分，可以是上下对称，也可以是左右对称，这样的画面会给人平衡、稳定之感。

像古建筑就非常适合用对称式构图法来拍摄，能表现庄重感（如图 4-26 所示），也可以用水中倒影与实景形成对称式构图，给人以宁静之感。

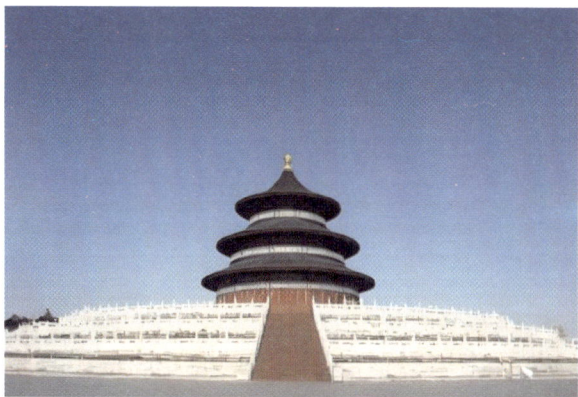

图 4-26　对称式构图法

4. 水平线构图法

水平线构图法是指将画面中的主体沿一条水平线进行分割的方法。这种构图方法能表现出一种平静、稳定的感觉。

水平线构图法常用于表现宽广的景物，例如湖面、海面、草原，以及日出、日落等场景，如图 4-27 所示。

图 4-27　水平线构图法

5. 对角线构图法

对角线构图法简单地说就是将拍摄主体放置在画面两条对角线的其中一条上。

对角线构图法的特点是把主题安排在对角线上，有立体感、延伸感和运动感，如图 4-28 所示。

图 4-28　对角线构图法

6. 引导线构图法

引导线构图法是将场景中的线条作为视觉延伸的辅助线，将拍摄主体置于该辅助线上，以达到汇聚视线的效果。

引导线在摄影中，一般作为前景存在，可以增加画面纵深感，也能引导观众视线看向汇聚点，从而有效突出画面主体。引导线可以是道路、桥梁、建筑物的边缘线等连续且具有方向性的事物。引导线构图法如图 4-29 所示。

图 4-29　引导线构图法

7. 框架式构图法

框架式构图法的一个诀窍就是寻找适合拍摄主体的框架，比如一棵树或一扇拱门。选择框架式前景能把观众的视线引向框架内的景物，突出主体。框架式构图有助于将主体影像与风景融为一体，赋予照片更强的视觉冲击，如图 4-30 所示。

8. 前景构图法

前景通常指在画面中位于主体物之前的景物。前景构图法就是利用离镜头最近的物体来对画面中的某一部分进行遮挡，以表现画面中的虚实、远近关系。

图 4-30　框架式构图法

　　前景构图突出的作用就是提升画面的形式感，提升画面层次，丰富画面内容，如图 4-31 所示。

9. 留白构图法

　　留白构图法是对整个画面进行大面积"留白"，但这里的留白并不仅指纯色背景的填充，还可以是简洁的环境，例如天空、草地、大海等。适当的留白可以让整个画面更有意境，如图 4-32 所示。

图 4-31　前景构图法

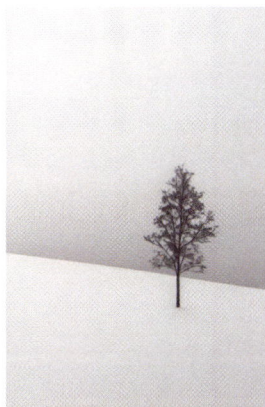

图 4-32　留白构图法

内行看门道，外行看热闹。相信学习完这些构图法，你在拍摄视频的时候会更加留意拍摄主体的位置，在拍摄前也会挑选合适的场景，从而拍出高质量画面。

小结

了解 9 种构图方法。

1. 中心构图法。

2. 九宫格构图法。

3. 对称式构图法。

4. 水平线构图法。

5. 对角线构图法。

6. 引导线构图法。

7. 框架式构图法。

8. 前景构图法。

9. 留白构图法。

4.3

低成本剪辑：秒懂转场 / 字幕 / 背景音乐 / 视频调色

4.3.1

3 个剪辑"神器"：新手也能剪辑

前文讲到了拍摄方面的问题，在短视频时代，想要制作出高质量的视频，除了前期的拍摄之外，后期的剪辑也非常重要。如果你不知道怎么选择适合新手的剪辑软件，本节将带你认识各类剪辑软件及一些辅助工具。

目前剪辑软件有很多，但功能大同小异，本小节挑选了 3 款比较适合新手且方便在手机上操作的软件供大家参考。

1. 剪映

剪映操作简单，学习门槛低。软件内有海量素材，省去了寻找素材的麻烦，对新手来说十分友好，而且大部分功能都是免费的，对新手来说足够用了。剪映操作页面如图 4-33 所示。

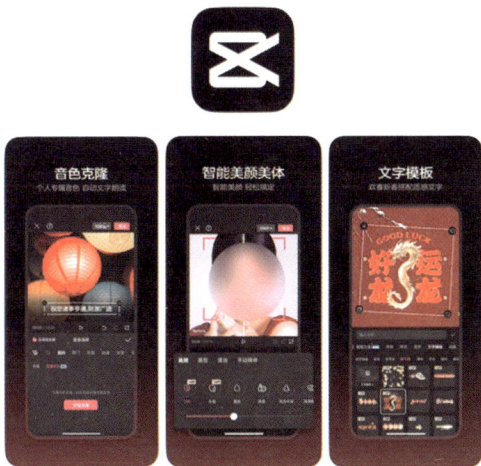

图 4-33　剪映操作页面

剪映不仅有手机 App 端，还有 PC 端，可以满足创作者绝大部分的剪辑需求。

除了有大量的视频素材和音频素材之外，剪映还有大量预设的模板，在"剪同款"栏目下，有精选、AI 玩法、日常碎片、卡点等多种模板，创作者只需导入素材，就能制作出同款大片，如图 4-34 所示。

此外，如果你上传的模板一旦被使用，创作者还能获得相应分成。

除了模板，剪映还推出了很多剪辑教程，帮助创作者掌握拍摄、剪辑技巧，对新手十分友好，如图 4-35 所示。

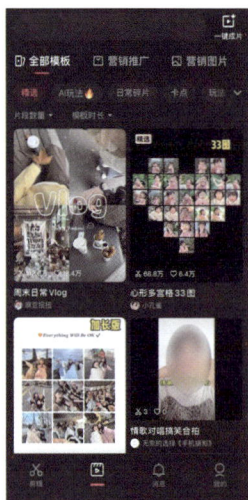

图 4-34　剪映里面的模板　　　　图 4-35　剪映里面的新手教程

2. 快影

快影和剪映在基本功能上差别不大。快影刚发布时，字幕自动识别的功能很吸引人，不过现在字幕识别已渐渐成为手机剪辑 App 的标准配置。快影页面如图 4-36 所示。

除了自动转换字幕，快影的画中画、分速变割、文字视频等功能也相当强大，做特效或图文转化视频尤为便捷。

此外，快影也引入了一些生成式人工智能（Artificial Intelligence Generated Content，AIGC）的创作功能，内容非常丰富，包括 AI 变装、AI 小说转动漫、AI 照相馆、AI 动漫、AI 瞬息宇宙等，是目前剪辑 App 里面比较注重 AI 功能的，如图 4-37 所示。

图 4-36　快影页面

图 4-37　快影 AIGC 功能

3. 必剪

必剪是由哔哩哔哩推出的免费剪辑软件，不仅有 PC 端的版本，还有手机端的 App，基本的剪辑功能和剪映差不多。必剪页面如图 4-38 所示。

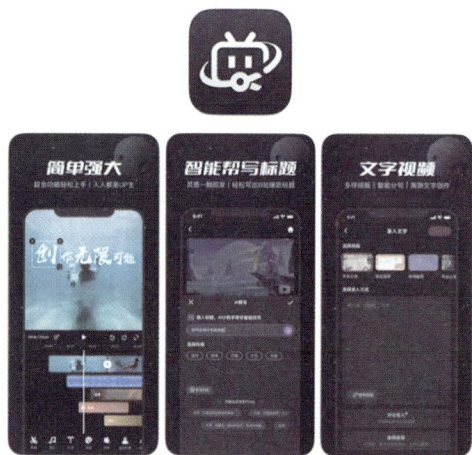

图 4-38 必剪页面

必剪最大的特点是有制作虚拟形象的功能。如果你不想真人出镜，可以使用这个软件创建一个虚拟形象来代替你出镜，好看又好玩，如图 4-39 所示。

图 4-39 必剪里面的虚拟形象

除了基本功能之外，必剪还有高清录屏的功能，可以自定义设置录屏（如图 4-40 所示），对使用录屏内容来制作视频的博主来说，非常实用。

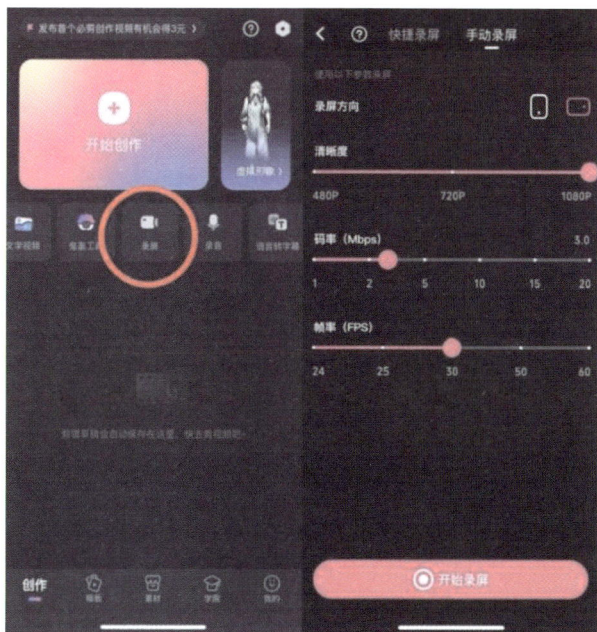

图 4-40　必剪录屏页面

这三款剪辑软件中，比较推荐的是剪映，综合来说功能比较齐全，上手难度低，而且还有专门的新手教程。其实，任何一款剪辑软件，只要使用得足够熟练，都能剪辑出想要的效果，如果想要更复杂的效果，也可以多款剪辑软件配合使用。

小结

了解 3 款剪辑软件。

1. 剪映：功能齐全，模板丰富，上手门槛较低，推荐新手使用。

2. 快影：AICG 功能非常丰富，有大量的 AI 特效功能。

3. 必剪：可以制作虚拟形象以及可以高清录屏。

4.3.2

高效剪辑 4 件套：剪出综艺感，完播率翻倍

前文介绍了一些常见的剪辑软件和各自的特色功能，接下来进入实际的剪辑操作环节。其实剪辑没有大家想象的那么难，对新手来说，不需要掌握特别高深的技巧，掌握一些核心技巧就可以解决90%的问题，比如一般剪辑中常见的问题包括转场、字幕、背景音乐和调色。

接下来，从添加转场、添加字幕、添加背景音乐和给视频调色这 4 个角度，来分析如何剪辑出高质量的视频。以剪映为例。

1. 添加转场

在剪辑视频的时候，一般会用到很多段视频素材，为了让各段视频之间的过渡更加丝滑，可以给视频添加一个转场，为视觉效果加分，从而更好地为内容服务。

给视频添加转场的步骤如下。

步骤 1：在剪映中导入 3 段视频素材并将其添加到视频轨道中，如图 4-41 所示。

图 4-41　导入 3 段视频素材

步骤 2：点击两个视频的衔接处即可添加转场，在添加转场的页面中可以看到各种转场效果，如图 4-42 所示。

步骤 3：依次给每段视频的衔接处添加转场，可以用一样的转场（这时可以点击左下角的【全局应用】），如图 4-43 所示。转场添加之后会有一个预览的效果。

图 4-42　添加视频转场

　　也可以添加不同的转场，转场添加成功后，视频衔接处会出现一个切换形状的标识，如图 4-44 所示。

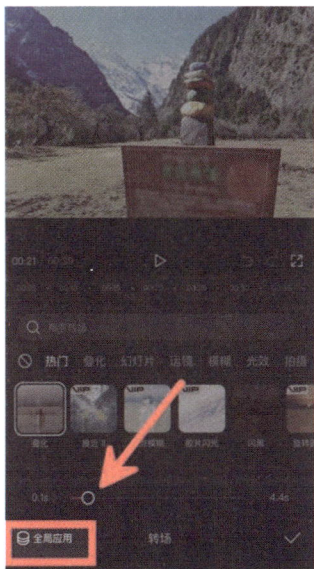

图 4-43　点击【全局应用】

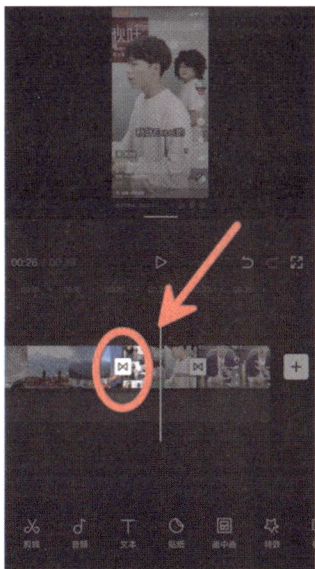

图 4-44　转场的标识

步骤 4：再次点击转场的标识，可以调整转场的时间，转场添加成功之后，可以点击播放按钮查看转场的效果，如图 4-45 所示，然后导出视频。

图 4-45　设置转场的时间

2. 添加字幕

转场设置完之后，为了让用户更好地理解视频的内容，避免因语言不通或环境嘈杂等因素影响观看体验，建议给视频配上字幕，便于用户完整查看视频。以下是在视频中添加字幕的步骤。

步骤 1：在剪映中导入视频素材并将其添加到视频轨道中，点击【文本】，然后点击【新建文本】，如图 4-46 所示。

步骤 2：点击【新建文本】之后，画面上会出现默认的"输入文字"文本框，可以直接在文本框中输入文字内容，点击【样式】，即可修改文字显示效果，比如把字体设置成黄字黑框，如图 4-47 所示。

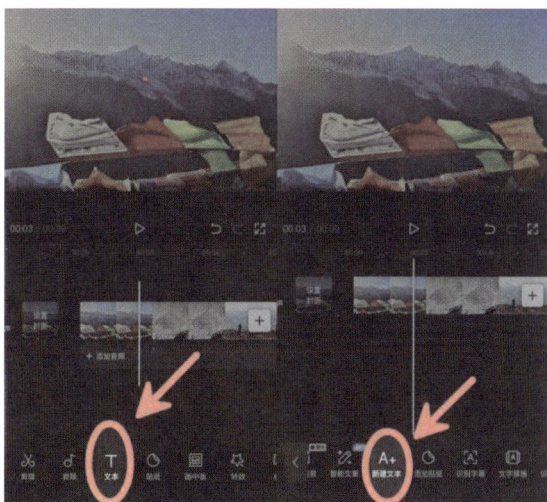

图 4-46　点击【新建文本】

图 4-47　修改文字的样式

　　步骤 3：除了可以在【样式】里对字体的各项参数（比如文字颜色、字号和透明度以及显示效果）进行调整之外，剪映还支持设置字体的类型，以及不同的花字和文字模板，如图 4-48 所示。

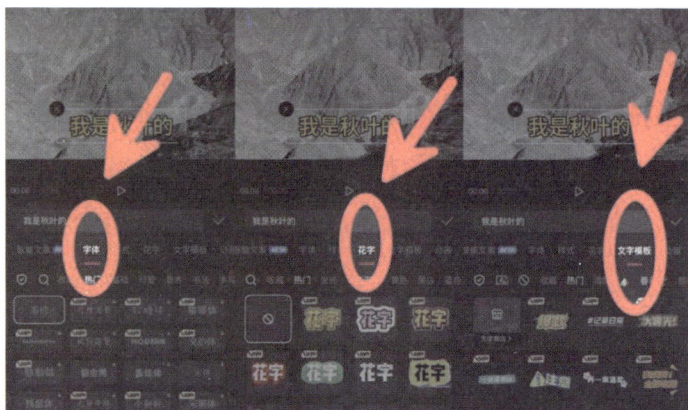

图 4-48 设置字体、花字、文字模板

步骤 4：还可以给文字添加不同的动画效果，如图 4-49 所示。

步骤 5：添加完字幕之后，点击字幕周围的白色边框，可以调整字幕的位置，也可以自由缩放文字的大小；点击文字轨道，调整字幕在视频中显示的长度，调整完毕后字幕就添加成功了，如图 4-50 所示。

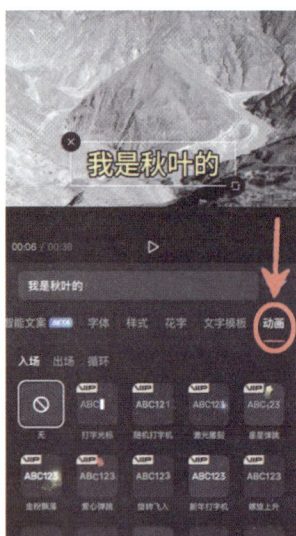

图 4-49 给文字添加动画效果

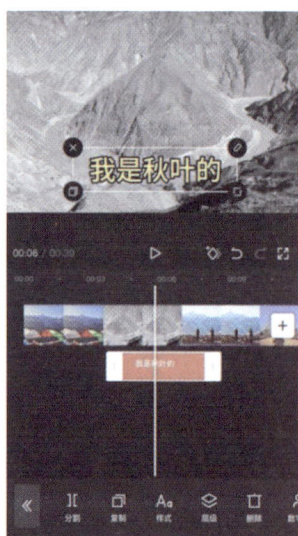

图 4-50 字幕添加成功

3. 添加背景音乐

在一个视频中，背景音乐常常担负着表达情感、烘托氛围、连贯场景的重要作用，合适的背景音乐能够为作品增加亮点。以下是给视频添加背景音乐的步骤。

步骤1：在剪映中导入视频素材并将其添加到视频轨道中，有两种添加背景音乐的方法。方法1是直接点击音频轨道的【添加音频】，方法2是点击下方菜单栏的【音频】，如图4-51所示。

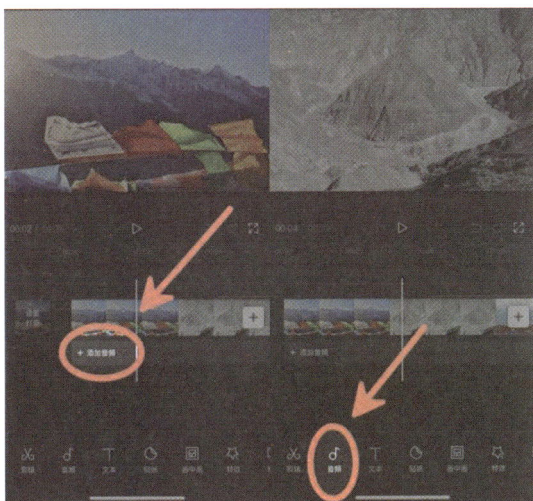

图4-51　添加背景音乐的方法

步骤2：点击【音频】之后，在打开的页面中点击【音乐】，打开选择各种不同音乐的页面，选择自己喜欢的音乐，点击【使用】，选中的音乐就会自动匹配到视频的音频轨道上，如图4-52所示。

步骤3：除了可以添加背景音乐之外，剪映中还可以添加各种音效，点击【音频】，在打开的页面中点击【音效】，选择自己喜欢的音效，点击【使用】，选中的音效就会自动匹配到视频的音频轨道上，如图4-53所示。

图 4-52　在剪映中添加背景音乐

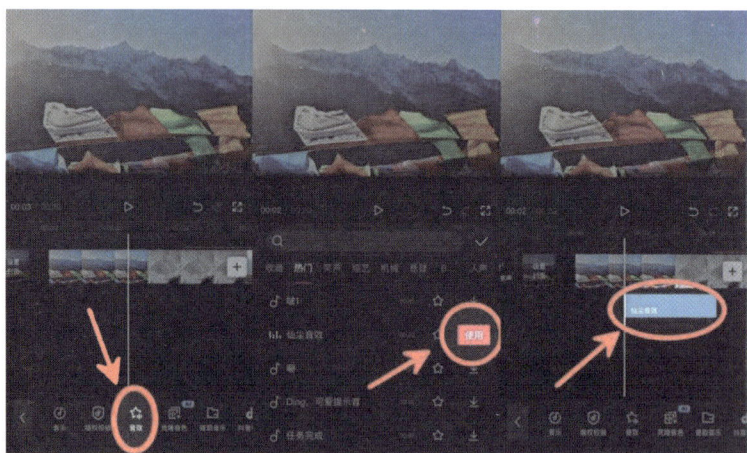

图 4-53　在剪映中添加音效

　　除了剪映自带的音乐和音效之外，还可以提取别的视频里面的背景音乐，点击【音频】，在打开的页面中点击【提取音乐】，此时就可以添加手机中的视频，从而导入视频的声音，如图 4-54 所示。

　　也可以在视频里面直接导入自己的录音，点击【音频】，在打开的页面中点击【录音】，给视频添加自己的录音，如图 4-55 所示。

图 4-54　导入手机视频里面的音乐

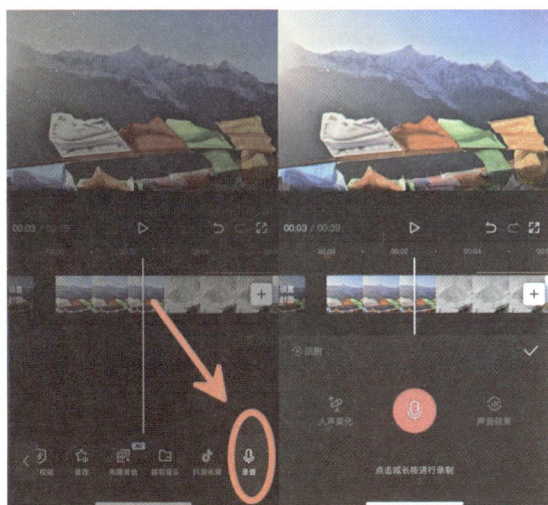

图 4-55　给视频直接录音

步骤 4：在添加完音乐或者音频之后，音乐就会显示在音频轨道里，调整音频轨道，让音乐的时长和视频的时长相同，如图 4-56 所示。

步骤 5：在添加完音乐或者音频之后，为了让音乐的效果不至于突兀，可以给音乐添加"淡入淡出"的效果。选中音频轨道，点击【淡入淡出】，设置淡入和淡出的时间，如图 4-57 所示。

图 4-56　调整音频轨道

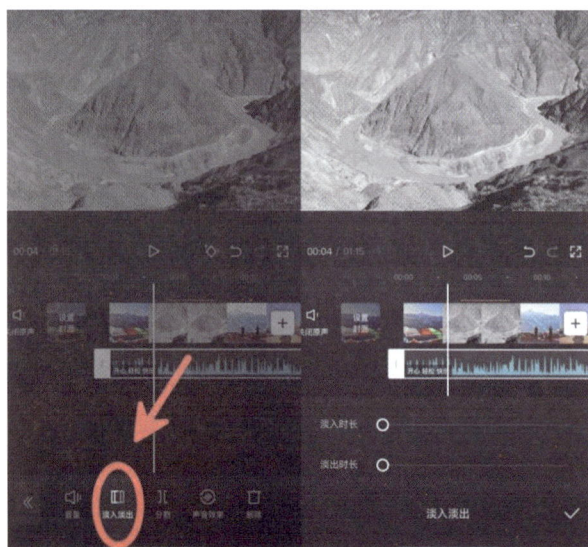

图 4-57　给音乐设置"淡入淡出"的效果

除了"淡入淡出"效果之外，还可以对音频进行多种设置，比如设置音量、添加声音效果、设置节拍和变速，以及给音频降噪等，如图 4-58 所示。

4. 给视频调色

就像拍照之后可以给图片添加滤镜一样，也可以给视频添加滤镜，如果感觉前期拍摄的视频不够出彩，可以通过后期调色来让视频的色彩风格更加符合自己的预期。下面介绍给视频调色的具体操作方法。

步骤 1：在剪映中导入视频素材并将其添加到视频轨道中，点击视频轨道，下面就会出现视频编辑选项，向右滑动可以看到【调节】和【滤镜】两个选项，如图 4-59 所示。

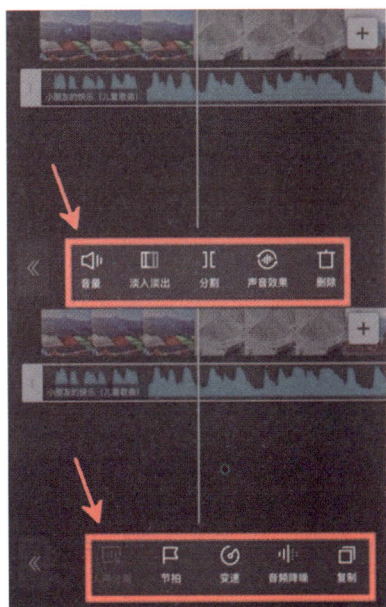

图 4-58 音频的多种设置效果

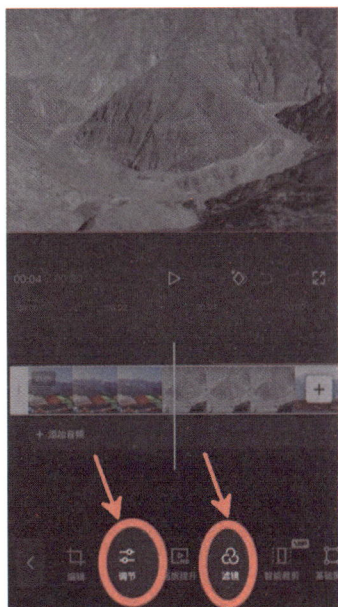

图 4-59 视频编辑选项

步骤 2：点击【调节】，会出现很多给视频调色的选项，比如亮度、对比度、饱和度等，如图 4-60 所示。

步骤 3：选择某一个具体的选项，滑动滑块调节数值，数值代表着调节的幅度大小，视频画面会随之产生变化。需要注意的是，调节只对单个视频素材有效，如果要把效果应用到所有的视频素材上面，点击界面左下角的【全局应用】即可，如图 4-61 所示。

图 4-60　视频调色选项

步骤 4：在使用调节功能进行调色的时候，有些人可能会觉得步骤烦琐，或者不知道每个选项具体怎么调整，这种情况下，可以尝试滤镜功能，滤镜功能类似于预设的模板，点击【滤镜】就会出现多种滤镜效果。

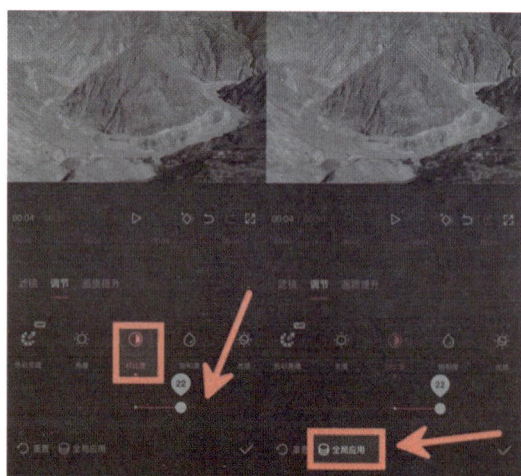

图 4-61　全局应用选项

不同使用场景有不同的滤镜，比如风景、人像、美食等，可以根据自己的用途选择合适的滤镜，如图 4-62 所示。

步骤 5：选择某一个具体的滤镜，同样可以滑动滑块调节数值，数值代表着调节的幅度大小（如图 4-63 所示），视频画面会随之产生变化。滤镜也只对单个视频素材有效，如果要把滤镜应用到所有的视频素材上，点击左下角的【全局应用】即可。

图 4-62　滤镜选项

图 4-63　调整滤镜

最终预览视频，觉得没问题之后，就可以导出视频。

小结

了解常见的剪辑 4 大常用技巧。

1. 添加转场：让视频过渡更加丝滑。

2. 添加字幕：让视频内容更加清晰。

3. 添加背景音乐：让视频更有氛围感。

4. 给视频调色：让视频看起来更舒服。

4.3.3

AI 剪辑应用全流程实操案例

初次学习剪辑视频时，可能会因为各种原因拉低剪辑效率，比如软件操作不熟悉、素材难找、制作字幕花费时间、配音花费时间等。本小节将介绍几个提升剪辑效率的方法，帮你快速成片。

1. 一键成片：想要快速制作视频，试试一键成片功能

如果你在剪辑视频的时候没有思路，又或者因为时间问题想要快速做视频，这个时候可以尝试一下剪映的一键成片功能，可以很好地提高你的剪辑效率。

步骤 1：在剪映中点击【一键成片】（如图 4-64 所示），选择需要编辑的素材，点击【下一步】，导入素材。

步骤 2：选择模板。在软件页面底部，有很多类型的模板可供选择，左右滑动即可浏览不同的模板，点击喜欢的模板就可以生成对应的视频效果，如图 4-65 所示。

步骤 3：选择合适的模板之后，如果对模板里面的文案

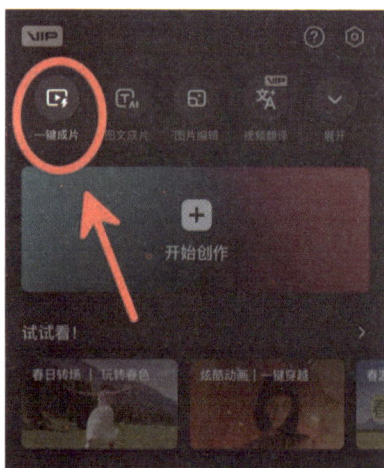

图 4-64　一键成片

不满意，点击【点击编辑】，打开模板编辑页面，点击【文本】添加自己的文案（如图 4-66 所示），然后导出视频。

图 4-65　查看模板

图 4-66　调整文案

2. 文本朗读：不会录音？试试文案自动配音功能

在剪辑视频的时候，如果能加上配音解说，可以让用户更好地了解视频内容，但是有些博主可能缺少录音设备，或者录音效果不好，又或者觉得自己的声音不好听，在这种时候，可以试试文本朗读配音功能。

步骤 1：打开剪映，点击【开始创作】进入创作页面，选择需要剪辑的视频，点击【添加】，选择【文本】—【新建文本】，新建文本之后出现"输入文字"文本框，如图4-67所示。

步骤2：点击文本框修改文本，比如修改成"我是秋叶的"，如图4-68所示。

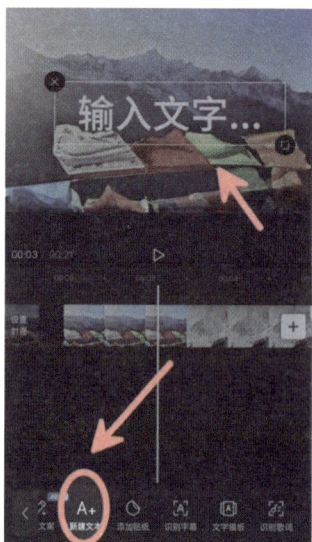

图4-67　新建文本

图4-68　修改文本

步骤3：选中文本轨道，然后点击【文本朗读】，如图4-69所示。随后选择配音的类型，也就是选择用什么样的风格进行朗读。剪映中提供的配音类型很多（如图4-70所示），此处选择的是"东北老铁"。

步骤4：朗读完成后如图4-71所示，这就是配音之后的效果，你也可以对这个配音进行单独调整，比如调整音量等。

此外剪映还提供了一个非常贴心的功能，就是可以上传你自己的声音，然后剪映克隆声音生成一段专属于你自己的音色，如图4-72所示。

图 4-69　选择【文本朗读】

图 4-70　配音类型

图 4-71　配音之后的效果

图 4-72　克隆音色

3. 语音转字幕：不想逐字敲字幕，试试字幕识别功能

　　当视频带有解说或者对话内容的时候，为了方便用户理解，一般会给视频加字幕，但是如果一个字一个字地敲字幕，会非常费时费力，这个时候可以试一下剪辑软件里面的字幕识别功能。

接下来还是以剪映为例讲解。

步骤1：将视频素材导入剪映，点击【文本】，在打开的页面点击【识别字幕】，打开字幕识别页面，如图4-73所示。

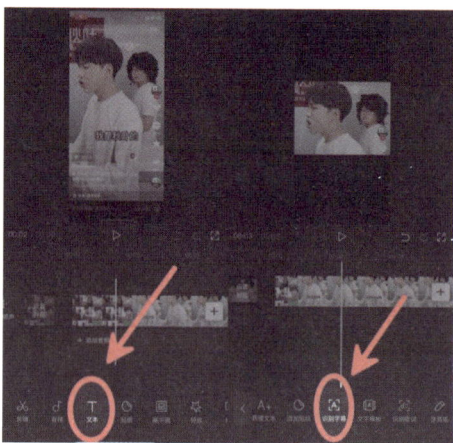

图4-73　识别字幕

步骤2：自动识别之后生成字幕，字幕素材出现在视频下方，如图4-74所示。

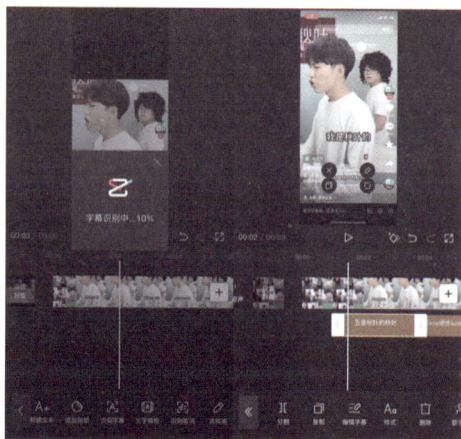

图4-74　字幕识别效果

步骤 3：检查剪映识别出的字幕内容。点击【文本】，可以看到文本框中已经显示出了该字幕的内容，如果识别错误就可以着手修改了，同时也可以对字幕的样式进行调整，例如字体、字号、颜色等；还可以直接点击【样式】，将其应用到字幕中，如图 4-75 所示。

4. 不想真人出镜：用卡通头像一键换脸

当你想做口播类的视频，但是又不想露脸的时候，可以用剪辑软件里面的卡通头像跟踪遮脸功能，这样就可以减少真人出镜的不便或者避免紧张。

接下来一起用剪映来体验卡通头像跟踪遮脸功能。

步骤 1：将视频素材导入剪映。在软件页面底部的工具栏中，点击【特效】，然后在打开的页面点击【人物特效】，如图 4-76 所示。

图 4-75　更改字体样式

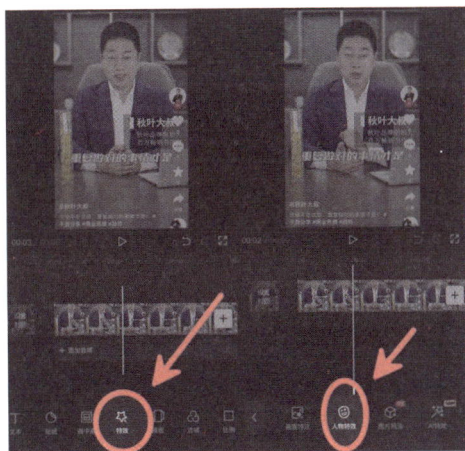

图 4-76　增加人物特效

步骤 2：打开人物特效页面，向右滑动标签栏，点击【形象】，点击想要添加的效果（如"可爱猪"），页面中就会生成卡通头像了，如图 4-77 所示。

图 4-77　选择虚拟头像

步骤 3：调整特效时长。生成特效后，点击特效轨道，拖动白色方框右侧边缘，使特效时长与素材时长一致，如图 4-78 所示。

5. 找不到合适的素材：试试 AI 生成素材功能

当你在剪辑视频的时候，想要找一些图片素材，但是自己没有拍摄条件，又担心在网上搜的素材会侵权，这个时候可以试一试剪辑软件里面的 AI 素材功能。

以剪映为例讲解。

AI 作图功能：在剪映的首页点击右上角的【展开】，然后点击【AI 作图】，如图 4-79 所示。

图 4-78　调整特效时长

在 AI 作图的创作页面，可以输入描述词然后生成 AI 图片，在灵感页面，也可以参考其他人用 AI 作的图，如图 4-80 所示。

图 4-79　AI 作图功能

图 4-80　AI 作图灵感

AI 商品图功能：在剪映的首页点击右上角的【展开】，然后点击【AI 商品图】，如图 4-81 所示。

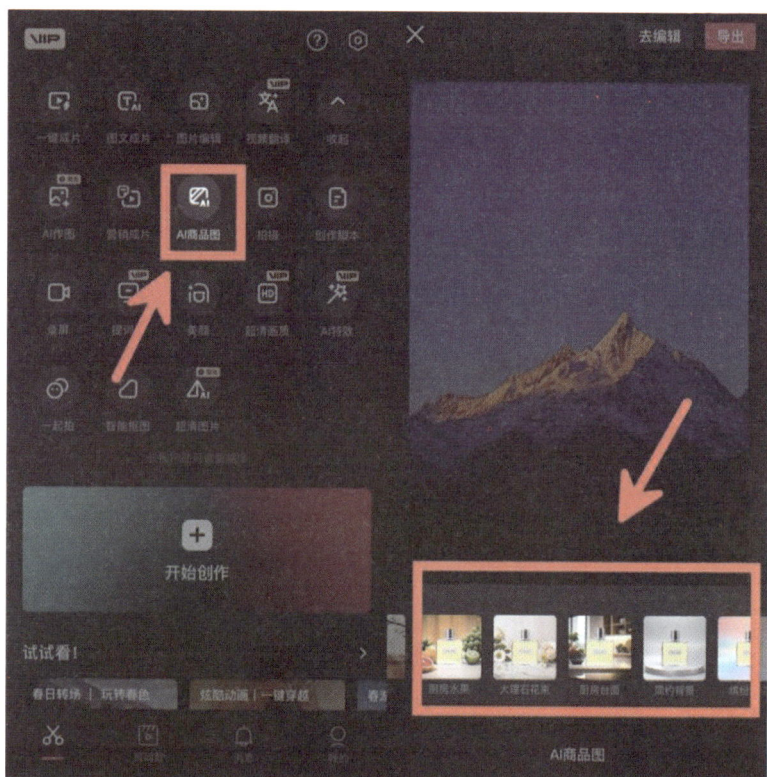

图 4-81　AI 商品图功能

可以上传一个场景，用 AI 来生成对应场景的商品图，不过目前的效果一般，后续可以留意该功能优化后的效果。

AI 特效功能：在剪映的首页点击右上角的【展开】，然后点击【AI 特效】，如图 4-82 所示。

图 4-82 AI 特效功能

在 AI 特效页面，可以选择自己的肖像照片或者风景照，AI 会帮忙生成对应风格的照片，比如动漫风、卡通风等。

AI 玩法：在剪同款页面点击【AI 玩法】，就可以看到别人用 AI 特效剪辑的视频，选择一个视频，直接点击右下角的【剪同款】，就可以套用别人的模板，如图 4-83 所示。

图 4-83　AI 玩法剪同款功能

小结

AI 剪辑应用实操案例如下。

1. 时间太紧视频做不完？试试一键成片功能。

2. 自己录的音不好听？试试文本朗读功能。

3. 还在逐字敲字幕吗？试试人声自动转成字幕。

4. 拍视频不想露脸？用卡通头像跟踪遮脸功能。

5. 找不到合适的素材？试试 AI 生成素材功能。

Chapter 5

智慧运营:

抓准 3 大曝光口获取流量

5.1

"涨粉"三板斧：对症下药，实现粉丝自由

5.1.1

点赞多，关注少？5 个互动小诀窍，转粉率提升

有人会有这样的问题：为什么收藏和点赞多，但是关注少，需要从哪里改进呢？如图 5-1 所示。

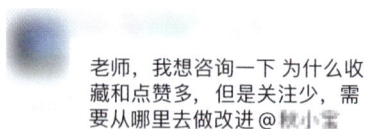

老师，我想咨询一下 为什么收藏和点赞多，但是关注少，需要从哪里去做改进@楼小宝

图 5-1　学员提问问题

这个问题其实很有代表性，相信很多新手都有这样的困惑：为什么用户只给我点赞，但是却不关注我呢？

在前面讲过，影响流量的一个核心因素就是：**互动**。

换言之，你的笔记互动越多，平台给的推荐流量也就越多，转粉率也就越高。

互动包含点赞、收藏、评论、转发、关注等几个行为，但是在小红书直接引导别人关注你或者给你点赞其实是违规的，所以引导互动的重点可以放在引导用户评论上，用户评论越多也就是互动越多，平台的推荐流量也会越多。

下面给大家推荐 5 个常用的引导评论小诀窍。

1. 用小号在评论区引导评论

发完笔记后，可以自己注册一个小号，根据笔记的具体内容，在评论区提问，比如：

这家餐厅怎么样，位置在哪，值得一去吗？

这件衣服在哪个店铺买的，有链接吗？

这个洗面奶怎么样，用起来脸会干吗，适合敏感肌吗？

这本书怎么样？读起来难不难？

…………

通过小号提问大号回复的形式，让其他用户更愿意参与讨论，让评论区活跃起来，提升互动，如图 5-2 所示。

2. 用小号在评论区 @ 好友，营造让好友围观的氛围

发完笔记后，也可以用小号在评论区 @ 其他好友，让好友来看你的笔记，当其他人看到之后，可能也会引导他的好友来看笔记，比如：

@ 好友，你看这个，我发现了一个超棒的 ××，应该很适合你。

@ 好友，姐妹这个地方很不错，下次我们一起去打卡吧。

@ 好友，这个方法不错，我们可以一起来试试。

人们普遍有分享的心理，当看到一个东西觉得不错，或者感觉新奇，或者想吐槽的时候，都会想分享给朋友，这样被 @ 到的人也会看到这篇笔记，也会产生一条评论或者多条讨论，这样的情况在小红书很常见，无形中也为笔记增加了互动，如图 5-3 所示。

图 5-2　评论区提问

图 5-3　评论区 @ 自己的好友

3. 自己评论自己，称赞自己，增强信任

我们也经常会在小红书评论区看到博主自己评论，然后置顶，例如：

这个博主分享的内容太有用了吧，进主页出不来了呢。

这是什么"神仙"博主，我已经立马关注了。

看了那么多的美食笔记，就你这个比较适合普通人。

这个年代酒香也怕巷子深，类似上面这样引导的评论会让用户更愿意去点击你的主页，增加曝光率，提升转粉率。用户是需要引导的，并不是所有用户在看到你的笔记的时候都会下意识去关注你，所以引导的动作也很有必要，如图 5-4 所示。

有时候也会有用户吐槽这种自娱自乐的行为，不过这个不要紧，用户的评论也是增加互动的一种方法，如图 5-5 所示。

图 5-4　评论区引导关注　　　　图 5-5　评论区用户反馈

4. 询问用户的需求，引导用户评论

当你发完笔记之后，想了解用户关注的内容是什么，就可以直接在评论区留言，例如：

这篇笔记对你有帮助吗，你还想看什么方面的内容？记得告诉我。

如果你有什么特定的需求，我可以给你一些建议和推荐。

关于这个大家有什么想法？你们会怎么选？你们有什么推荐？

当用户看到你的提问时，如果他有需求，他就会在评论区回复你，通过用户的评论你可以知道用户真正关心的内容是什么，也可以为后续的笔记提供选题，如图 5-6 所示。

当你对用户的提问做出反馈时，用户也会觉得这个博主真不错，竟然响应了我，这样也可以提升用户黏性，让用户更愿意关注你。

5. 积极回应用户，能回答的问题尽量回答

当用户给你评论之后，尽可能去回复用户的评论，用户也可能会再次回复你，如图 5-7 所示。例如：

谢谢姐妹的喜欢，我努力更新。

谢谢你的支持和鼓励，我们可以一起讨论和交流。

看到你的留言，这个问题我的看法是 ×××。

图 5-6 评论区提问

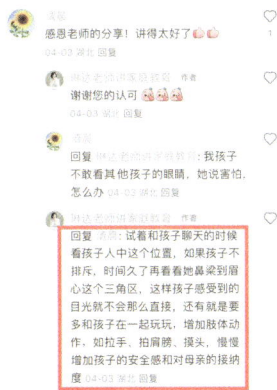

图 5-7 评论区积极回复其他用户

当你回复了用户之后，用户不仅觉得自己被重视了，有可能还会再次回复你，这样等于笔记的互动又增加了，也有机会得到更多的流量。

> **小结**
>
> ---
>
> 给大家简单总结一下，小红书引导互动的 5 个方法。
>
> 1. 用小号在评论区引导评论。
>
> 2. 用小号在评论区 @ 好友，营造让好友围观的氛围。
>
> 3. 自己评论自己，称赞自己，增强信任。
>
> 4. 询问用户的需求，引导用户评论。
>
> 5. 积极回应用户，能回答的问题尽量回答。
>
> 希望大家都能够学习实践起来。

5.1.2

"涨粉"多，不精准？聪明博主都在抢占搜索页流量

在前文中讲过小红书常见的 3 大流量来源——发现页流量、关注页流量和搜索页流量。

在这些流量来源里面，发现页流量跟笔记本身质量有关，关注页流量来源于粉丝，而搜索页流量主要来源于笔记里面的关键词，相比于其他两种流量来源，优化关键词是一种比较简单上手且行之有效的方法。

搜索页流量一般都非常精准，而且是长尾流量，一般笔记能有持续一周的发现页流量就已经很不错了，但是长尾流量可能持续一年以上，让你的笔记能够持续被新用户搜索到。

搜索页流量的核心在于关键词布局和关键词优化，本小节主要关注关键词布局这个问题。

1. 小红书关键词来源

小红书是典型的用户生成内容（User Generated Content，

UGC）平台，主要依赖于用户生成的内容，小红书通过分析用户的搜索历史和互动行为，以及通过笔记的内容、账号标签等信息，为用户提供个性化、精准的搜索结果。

①关键词的匹配度。

当用户在小红书上面搜索的时候，平台会根据用户的关键词匹配对应的笔记，并通过笔记的标题、正文、关键词、账号标签以及笔记的分类、品牌、地域等信息，来匹配合适的笔记，展现给用户。

②笔记质量。

经常在小红书搜索的用户应该也会发现，并不是所有笔记都会被搜索到，一般搜索出来的都是"爆款"笔记，或者发布时间比较近的笔记，这是因为小红书会根据笔记的内容质量、发布时间、原创性、用户互动数量等因素，对笔记进行评分，尽可能把高质量的笔记展示给用户。

③用户行为。

除了笔记本身之外，小红书也会根据用户本身的行为给用户展示对应的搜索结果，比如通过用户的搜索历史、浏览记录、购买行为、互动行为等来判断用户的喜好，从而给出更精准的推荐。

大数据时代，用户的每一次行为都会被记录，通过一个个关键词，平台就可以了解到用户的消费习惯和关注重点，从而给出更符合用户需求的搜索结果。

2. 小红书关键词的分类

在小红书上面，关键词可以简单分为痛点关键词、核心关键词、卖点关键词、和热点关键词。

①痛点关键词。

痛点往往是伴随着需求产生的，找到了需求，就找到了痛点。

比如你想减肥的时候，"减肥"就是你的需求，当你在小红书上面搜索"减肥"，就会出现各种带有"减肥"这个关键词的笔记，如图 5-8 所示。

②核心关键词。

核心关键词展示的是展品的基本类别和特征，所有产品都会有核心关键词，这是一种基础的关键词。

比如对服装这类产品来说，衬衣、毛衣、T恤、牛仔裤等就是核心关键词，它展示的是服装这类产品基本的属性。核心关键词为"牛仔裤"的笔记如图 5-9 所示。

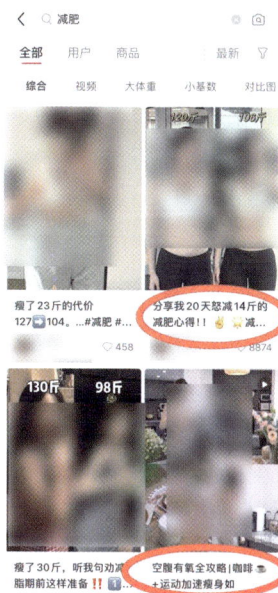

图 5-8　搜索"减肥"的结果

图 5-9　核心关键词为"牛仔裤"的笔记

③卖点关键词。

卖点关键词是用来表达产品突出的特点的，也是对产品进一步的解读和细分。

比如，同样是零食，低卡零食就是卖点关键词，突出的是"低卡"

这个主要的卖点，如图 5-10 所示。

④热点关键词。

互联网本身就自带追逐热点的属性，小红书也不例外，小红书上面的很多关键词是关联热点和热点人物的。

比如最近有热播剧，很多笔记里面就会提及这部剧，在一些产品宣传中也能经常看到"×× 推荐""×× 同款"这样的关键词，这种就是热点关键词，如图 5-11 所示。

图 5-10　卖点关键词"低卡零食"

图 5-11　热点关键词"×× 同款"

3. 如何在小红书挖掘关键词

那么应该怎么在小红书找到这些关键词呢？一般来说有三种方法。

①在搜索栏挖掘。

在小红书的搜索栏直接输入一个关键词，下方就会出现一系列的对应关键词，比如输入"面膜"就会出现一系列与面膜有关的关键词，如图 5-12 所示。

可以思考一下，为什么出现的是这些关键词，比如"面膜推荐男""面膜美白"？系统一般会把结果精准、热度比较高、关联性比较强的关键词推给用户，同时这些词一定程度上也代表了最近的搜索频率，用户选择适合自己的关键词即可。

②在搜索结果页面挖掘。

输入关键词后，点击进入搜索结果页面，在顶部的标签栏，会显示一行和搜索词相关的词，这些就是系统推荐的一些关键词，如图 5-13 所示。

图 5-12　搜索栏中的关键词

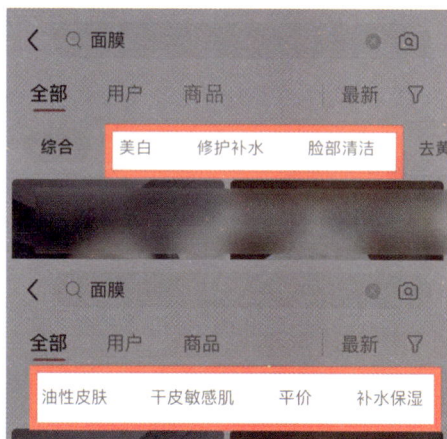

图 5-13　顶部标签栏的关键词

另外在浏览笔记的时候，也会显示"大家都在搜"页面，也会有一些关联度比较高的关键词，如图 5-14 所示。

③根据话题词浏览量挖掘。

大多数的笔记在文案的最后都会加入话题词，也就是"#+ 关键词"这种形式，当你在输入话题词的时候，页面就会自动显示这个话题词的浏览量，这个也可以作为寻找关键词的参考标准，如图 5-15 所示。

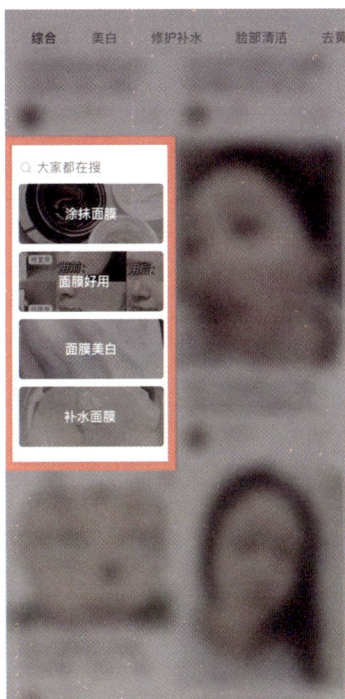

图 5-14 大家都在搜页面

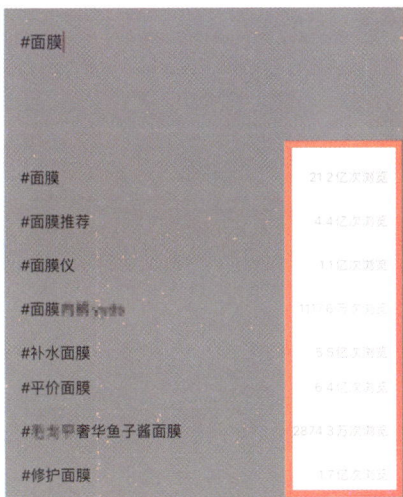

图 5-15 查看话题词浏览量

这是几种常见的找到关键词的方法，那找到了关键词之后，应该如何在笔记里面去布局这些关键词，让笔记更容易被搜索到呢？

4. 如何在小红书布局关键词

要让你的笔记尽可能被搜索到，以下几个地方的关键词不可忽视：图片文案、标题、正文文案以及话题词。

同样以"面膜"这个关键词为例，图 5-16 这篇笔记，在图片文案、标题、正文文案和话题里面都提到了"面膜"这个词，这样看起来就比较自然。

但是布局关键词不等于生硬地堆砌，并不是在笔记里面写一堆与关键词相关的词就能提高笔记被搜索到的概率。

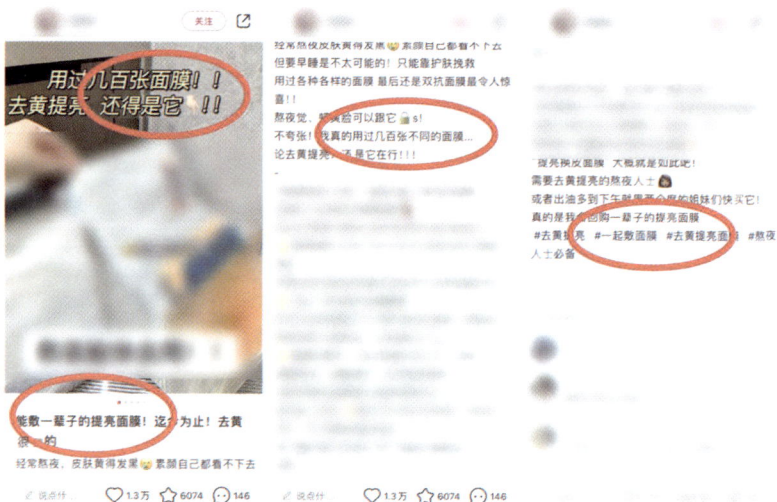

图 5-16　如何布局关键词

此外，决定一篇笔记能否被搜索到的因素也比较多，比如笔记是否违规、笔记互动量、笔记阅读量、笔记原创性等，不能简单理解为只要布局好关键词就一定能提高流量，这是一个综合的过程，要把每一步的每个细节都做好，整体的流量才会高。

> **小结**
>
> ---
>
> 如何在小红书抢占搜索页流量。
>
> 1. 小红书关键词的分类。
>
> ①痛点关键词。
>
> ②核心关键词。
>
> ③卖点关键词。
>
> ④热点关键词。
>
> 2. 如何在小红书挖掘关键词。
>
> ①在搜索栏挖掘。
>
> ②在搜索结果页面挖掘。
>
> ③根据话题词浏览量挖掘。
>
> 3. 如何在小红书布局关键词。
>
> 在图片文案、标题、正文文案以及话题词布局。

5.1.3

"涨粉"速度慢，取关多？ 2个留存准则，路人粉变铁杆粉丝

在秋叶小红书训练营里，有个经久不衰的问题："涨粉"速度太慢怎么办？

关于"涨粉"速度慢的问题，要分两个层面来看。第一个层面是，你的笔记质量不高没有人看，账号没有流量，没有流量也就不会有粉丝；第二个层面是，你的账号有人看有流量，但是你无法把流量转化成粉丝，用户看完就走了，这就不完全是内容质量的问题，而是你的账号粉丝留存问题。

前文讲到了怎么提升笔记质量的问题，本小节重点讲解粉丝留

存问题，如何让笔记带来的流量转化为粉丝。

回想一下，你在小红书上是怎么关注别的博主的。大部分情况下，是你看到某个博主的笔记被吸引了，然后点进博主的主页，觉得其他笔记也符合你的预期，然后你才会关注该博主。这个过程中有两个非常核心的因素，决定了你会不会成为这个博主的粉丝。

第一个是这个博主所处的赛道是不是你感兴趣的，第二个是你点进博主主页后获得的第一印象。

所以你的**赛道定位**和**主页包装**，在粉丝留存的过程中起到了至关重要的作用。

1. 赛道定位一定要细分

前面讲过怎么找定位确定赛道的问题，很多新手博主在确定赛道之后遇到的一个问题就是，这个赛道里面的选题那么多，我到底该怎么发笔记呢？比如读书赛道，有分享读书方法的、有分享读书心得的、有分享书单的……

这个时候很多新手博主经常犯的一个错误就是，没有明确细分赛道，只要内容跟自己的赛道沾边就发笔记，甚至还有把小红书当成朋友圈的。什么内容都发会使赛道极其不垂直，这种情况下想要留下粉丝是很难的。

因为现在基本上每条赛道都已经有很多人在做了，作为一个新手博主，你与其随大流一头扎入大家都在做的"大而全"的赛道，还不如选择一个更加细分、更加"小而美"的赛道去深耕。

比如别人是什么书都读的读书博主，那你就可以选择只读历史类的书，使用户更加精准。历史类读书博主的笔记如图 5-17 所示。

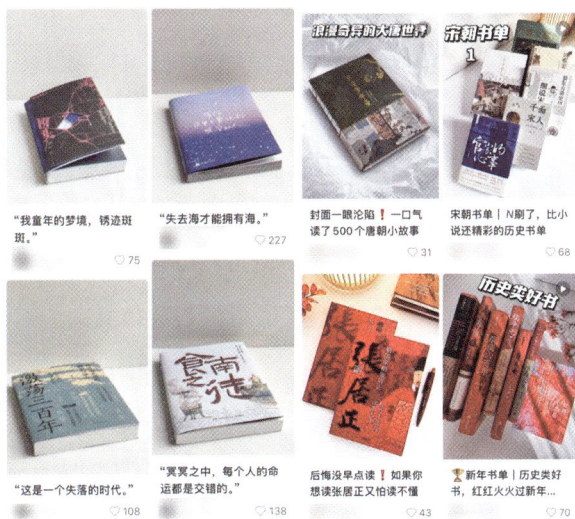

"我童年的梦境，锈边斑斑。" ♡75

"失去海才能拥有海。" ♡227

封面一眼沦陷⚡一口气读了500个唐朝小故事 ♡31

宋朝书单｜N刷了，比小说还精彩的历史书单 ♡68

"这是一个失落的时代。" ♡108

"冥冥之中，每个人的命运都是交错的。" ♡138

后悔没早点读⚡如果你想读张居正又怕读不懂 ♡43

📚新年书单｜历史类好书，红红火火过新年… ♡70

图5-17　历史类读书博主的笔记

比如大家都在做美食赛道，你可以选择更加细分的上班族带饭赛道，如图5-18所示。

非常好吃！这做法我怎么没早点发现！！

闺蜜尝了一口，让我原地开店！！！

花费9元｜坚持带饭上班一百七十九顿余224元

花费7元｜坚持带饭上班一百七十八顿余233元

谁发明的这吃法！……真的很好吃😋！！

破防了姐妹们！我怎么才发现这种吃法！！

花费16.5元｜坚持带饭上班一百七十七顿余240

花费5元｜坚持带饭上班第一百七十六顿256.5

图5-18　上班族带饭系列笔记

请记住，你无法解决所有人的问题，尤其是在输出能力还不强的新手阶段，所以不如去解决一部分人的一部分问题，让你的定位更加精确，更能被用户记住。

还有很多新手博主会觉得，正是因为自己刚开始做小红书输出能力不强，账号涉及的赛道越广选题就越多，不至于思路枯竭。这种想法可以理解，但是忽略了一个核心的问题：用户并不关心你的账号涉及的领域有多广，用户只关心你的每一篇笔记能不能解决他的问题。

在你涉及的每个领域里面，都有更加细分的博主可以解决他的需求、可以比你做得更好，你怎么保证你能做到1+1大于2的效果？与其把时间精力花在分散的赛道里面，不如集中精力去深耕一个更细分、更垂直的领域，让你的账号标签更加明显和突出。

2. 账号主页包装一定要醒目

说完细分赛道，再来说主页包装。主页包装就等于账号的门面，就像每个人的穿衣打扮。就像那句很经典的话说的那样：没有人有义务透过你邋遢的外表去发现你优秀的内在。

尤其是在今天这种快节奏的时代，用户大多没有太多耐心，当他们点进你的主页之后，如果你的账号主页不能迅速吸引他，不能让他很快获得重点，用户可能就直接流失掉了。

比如这种连基本的整齐排版都做不到的笔记（如图 5-19 所示），你会去关注这个博主吗？

还有这种点进主页抓不住任何重点，不知道在表达什么的笔记（如图 5-20 所示），你会有兴趣点进每一篇笔记去了解该博主写了什么吗？

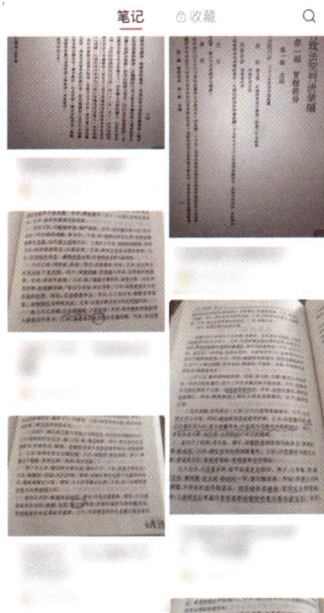

图 5-19　排版混乱的笔记

图 5-20　不知道在表达什么的笔记

　　还有这种视觉效果不统一的笔记，经常更换封面图（如图 5-21 所示），你会愿意关注发布这些笔记的博主吗？

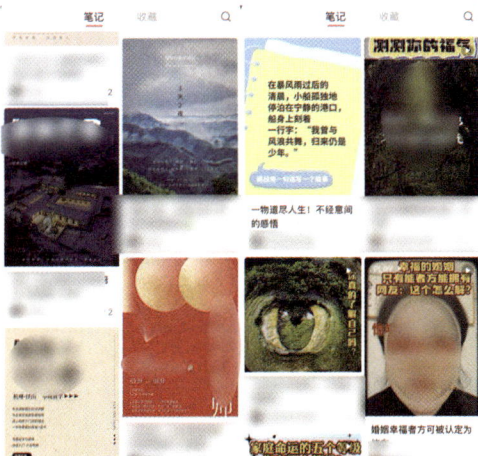

图 5-21　视觉效果不统一的笔记

为什么账号的主页很重要，因为很多用户并没有耐心去翻阅你的每一篇笔记，他们大多会凭着你的主页展现出来的内容，来决定要不要关注你。

再来看几个秋叶小红书训练营里面做得比较好的账号。

这些账号封面用的都是一样的模板，视觉效果比较统一，而且每篇笔记的主题很突出，用户不需要点击笔记，只看封面就知道这个笔记想要表达的是什么，这样的主页排版看起来就很舒服、很专业，如图 5-22 ~图 5-24 所示。

当然也有那种主页排版混乱、封面图不统一但数据很好的账号，那可能是在其他方面做得非常突出，突出到足以让用户忽略这些问题，但是大多数新手博主是不具备这种能力的，所以还是要做好各个细节。

图 5-22　金句账号主页

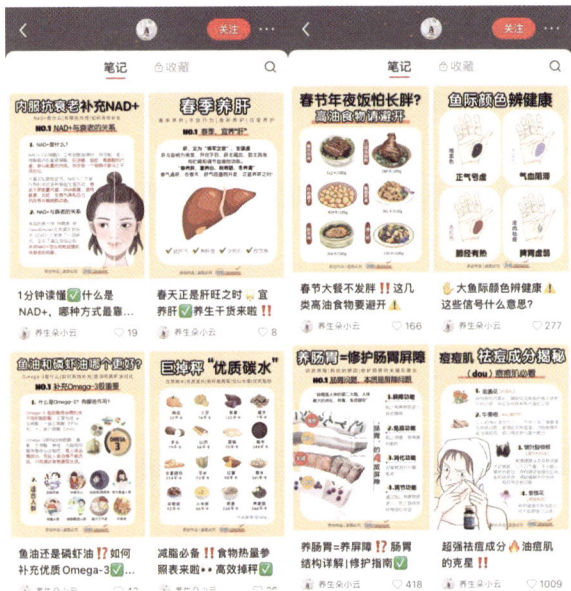

图 5-23　养生账号主页

图 5-24　减脂账号主页

> **小结**
>
> ---
>
> 两个留存准则，让流量变成粉丝。
> 1. 赛道定位一定要细分。
> 2. 账号主页包装一定要醒目。

5.2
笔记发布清单：新手避"坑"避"雷"秘诀

5.2.1
小红书发布自查清单：笔记避免低级错误

秋叶小红书训练营有个学员是做母婴博主的，当她发出第一篇笔记不久账号就被封禁了，我们一看笔记发现里面竟然有一个二维码，被平台判定为引流之后被封号了。

这就是一个惨痛的教训，发笔记之前没有做好检查工作。

那么笔记发布之前应该怎么自查呢？有哪些地方需要注意呢？

1. 图片 / 视频尺寸是否正确

不管是图片，还是视频，小红书笔记一般有三个主流尺寸。

竖版：1242px × 1660px（3 ∶ 4）。

横版：2560px × 1440px（16 ∶ 9）。

方版：1080px × 1080px（1 ∶ 1）。

鉴于大部分用户都是在手机上浏览小红书，所以推荐大家用 3 ： 4 的比例，或者用 1242px × 1660px 的封面图，内页图和封面图尺寸保持一致，以获得最佳观感。

2. 标题文案有没有超字数，有没有带上关键词

小红书标题文案上限是 20 个字（如图 5-25 所示），包括标题符号和表情，超过 20 个字平台会提醒发不了。

如果没有写标题直接发布，标题会默认为是正文文案的前 20 个字。

此外，标题里面尽量带上关键词，比如"读书笔记"或者"母婴好物"之类的，一是方便用户判断笔记内容，二是标题带上关键词也会让用户更容易搜索到你的笔记。

3. 正文文案有没有超字数，有没有带话题

小红书正文文案上限是 1 000 字，包括标题符号和表情，如图 5-26 所示。

图 5-25　标题最多显示 20 个字

图 5-26　小红书文案上限 1 000 字

在发布正文文案的时候，需要留意换行问题，小红书有时候会出现编辑的时候已经换行了，但是发布之后却显示没有换行的问题，

这个时候可以重新编辑，用标题符号或者表情来换行。

正文文案记得带上话题，输入"#"之后会自动显示笔记话题（如图 5-27 所示），根据浏览量和笔记关联度选择 5~10 个话题即可，带上话题会让系统更方便把你的笔记推荐给精准的用户，也更方便用户搜索到你的笔记，增加搜索流量。

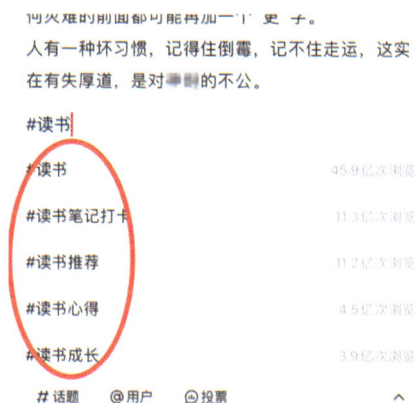

图 5-27　笔记结尾加上话题词

4. 笔记图文正文是否有外部平台水印，是否有引流信息

当笔记图片和文案都编辑好之后，记得检查一下，图片和视频里面是否有外部平台的水印，如果有记得去掉或者打码，避免被平台判定为引流，如图 5-28 所示。

此外在图片、视频和正文文案里面，都不能出现外部平台的联系方式，包括但不限于：手机号、微信号、邮箱号、地址、网址链接、二维码等。

5. 是否存在直接搬运他人图片、视频和文案的行为

切勿直接搬运其他博主的图片、文案以及视频，很容易被平台检测到并判定为抄袭，如果真的要用其他博主的内容，请记得获得博主的授权和同意。

对于互联网上无法溯源的内容，请记得写明"图片来自网络，若有侵权请联系删除之类"等字眼，如图 5-29 所示。但免责声明无法完全规避侵权风险，所以慎用。

无语

只发了一个二维码就违规

编辑于 2023-08-30

♡9 ☆2 💬3

图 5-28　笔记不能出现二维码

以上图片均来自网络，无法辨别具体出处，如有侵权，请联系删除～ #想记录此刻 #图片来源网络

2023-08-14

图 5-29　网络图片补充说明

此外，视频博主请勿直接使用剪映里面自带的背景音乐，因为剪映里面的音乐版权属于北京抖音信息服务有限公司，如果直接使用并在小红书上发布，会存在侵权问题，可以使用小红书自带的背景音乐或者其他无版权的背景音乐。

对于有商用目的的笔记（比如企业号发布的内容或者广告），请确保笔记里面的图片（包括图片上面的字体）、视频素材，以及视频里面的背景音乐均获得了商用授权，避免造成侵权。

6. 笔记发布后是否存在多次修改的情况

笔记发布之前务必要多检查几次，避免出现笔记发布之后再次编辑修改的情况。

小红书的笔记可以编辑修改，但是每次修改之后系统要重新审核一次，也会重新推流，所以尽可能减少笔记编辑修改的次数，能不改就不改。当然，如果笔记出现违规的情况，必须要修改之后才能发布。

小结

小红书笔记发布自查清单如下。

1. 图片 / 视频尺寸是否正确?
2. 标题文案有没有超字数，有没有带上关键词?
3. 正文文案有没有超字数，有没有带话题?
4. 笔记图文正文是否有外部平台水印，是否有引流信息?
5. 是否存在直接搬运他人图片、视频和文案的行为?
6. 笔记发布后是否存在多次修改的情况?

以上是给大家总结的新手发布笔记自查清单，大家发笔记前记得做好检查，避免因为一些低级的错误导致笔记流量低或者笔记违规。

5.2.2 小红书平台规则对照清单：拒绝违规恐惧

有位学员是收纳师，她的内容以分享收纳知识为主，拍了很多视频，从镜头感、个人表现力以及表达方面来看是不错的，账号也有 700 多个粉丝，内容垂直。

但是她说自己的笔记没有流量，新发布的视频点赞基本都是 1~3 个。

秋叶小红书训练营的老师就提醒她，这个数据不太正常，可以试试去申诉账号，她申诉之后果然发现有问题，系统提醒她的账号“可能是因为一段时间内操作频繁导致的账号数据异常”，如图 5-30 所示。

原来她的账号是自己和客服都会登录，平时内容是客服发，她自己会登录账号看数据，**也就是说这个账号在两个不同设备上登录过**，从申诉结果反馈的情况来看，是存在不同设备间频繁登录这种情况的。所以她的账号很有可能被系统判定为营销账号而被限流了，如图 5-31 所示。

图 5-30　系统提示页面　　　　图 5-31　账号在不同设备上登录过

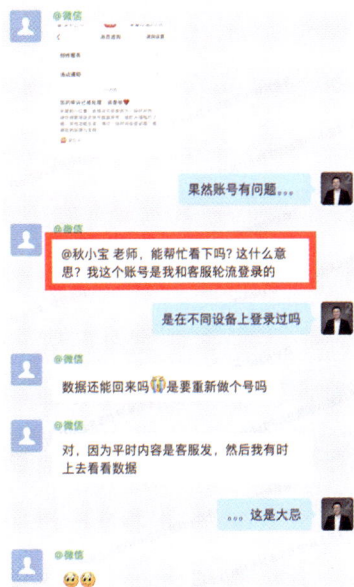

因为不了解规则导致一个很不错的账号被限流，真的很可惜。

所以今天就来带大家了解一下运营小红书必须要了解的规则。

1. 平台禁止的行为

首先需要知道什么是平台明令禁止的，什么是红线行为，这些行为一旦触碰，轻则警告限流，重则直接封号，让你前期的努力直接"泡汤"，所以必须要重视。

这一部分的内容主要体现在社区规范里，社区规范里面的内容包含几大部分，分别是：价值观、法律法规、交易及导流行为、不当行为、侵权行为、违规处理、友情链接。

价值观和法律法规不用说，每个平台都差不多，大家需要关注的是交易及导流行为，这是很多人栽跟头的地方，核心就是一点——禁止向站外导流，也就是禁止向小红书以外的平台导流，包括但不限于使用微信号、邮箱、手机号、地址、网址链接、二维码、水印等导流，如图 5-32 所示。

一旦你有导流行为被平台检测到，很可能就会被限流，如图 5-33 所示。

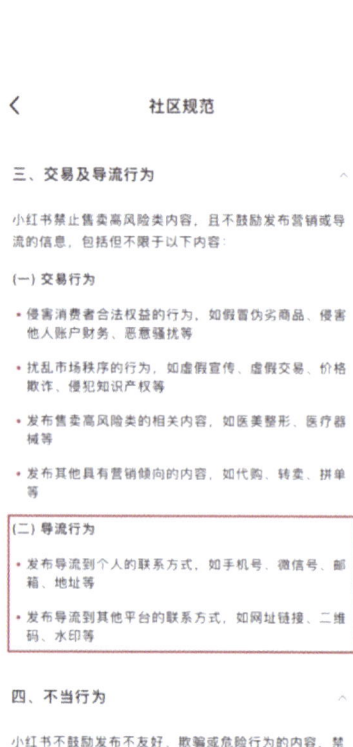

图 5-32　小红书导流行为说明

图 5-33　系统提醒账号被限流

除了导流之外，还有一些规则也需要留意。

比如作弊行为里面有几条，通过程序、脚本模拟、人刷或者其他非正常手段、方法，产生虚假数据，如虚假的粉丝关注、点赞、收藏、评论等，如图 5-34 所示。

所以不要搞什么互关和互赞，没有什么意义，互刷少了对账号帮助不大，互刷多了被系统检测到判为违规得不偿失，安心做内容才是王道。

如果违规了，平台说得也很清楚，会从内容处理和账号处理两方面进行处罚，内容处理就是把互刷的数据清除、限流，审核不通过。账号处理就是限制展示范围、账号禁言、账号封禁，这个后果是非常严重的，如图 5-35 所示。

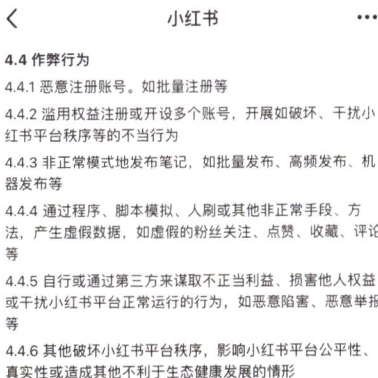

图 5-34 小红书作弊行为说明

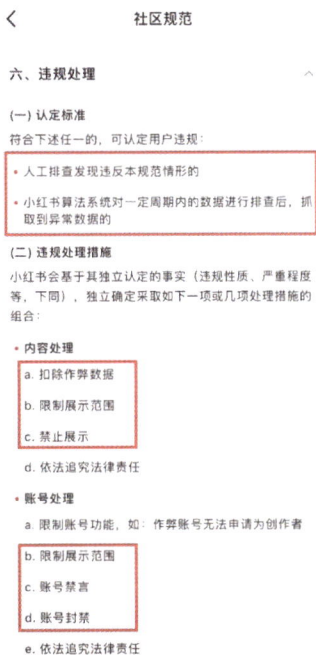

图 5-35 违规账号处理方法

2. 平台鼓励的行为

说完平台禁止的行为之后，再来说说平台鼓励的行为。

平台鼓励的行为，在小红书里面属于社区公约，这个是平台鼓励你的行为，你遵守社区公约，就会有更多或者有正常的流量，你不遵守社区公约，就会被限流、被提醒。

社区公约一共包含 4 大板块：分享、互动、交易、营销。

社区公约的几个重点如下。

①尊重原创，分享真实。

如果你的笔记原创性不强，就会被限流，这里的原创性不强，不一定是指你抄袭了别人的内容，而是说你的账号可能和平台其他账号存在内容同质化严重的情况，如图 5-36 所示。

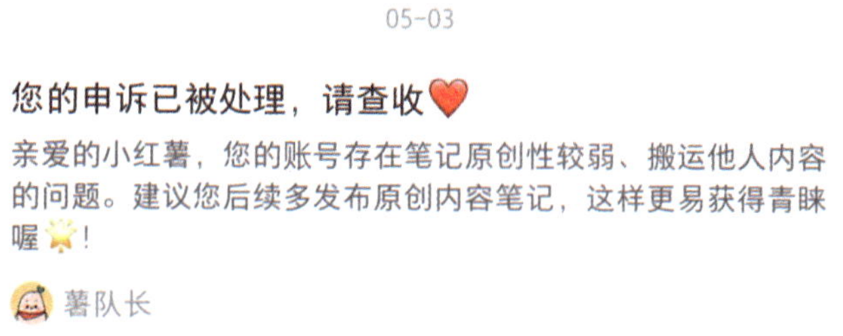

05-03

您的申诉已被处理，请查收 ❤️

亲爱的小红薯，您的账号存在笔记原创性较弱、搬运他人内容的问题。建议您后续多发布原创内容笔记，这样更易获得青睐喔 🌟！

🙂 薯队长

图 5-36　系统提醒原创性弱的页面

②如果收到赞助请申明利益相关，如图 5-37 所示。

至于申明利益相关，这个就要隐蔽得多，如果你文案写得足够自然，也不一定会被发现，但是还是存在被系统检测到的风险，所以不要去挑战平台的规则。哪怕你没有接受赞助，但是营销意味太明显，也可能会收到提醒，如图 5-38 所示。

如果你在分享和创作过程中受到商家提供的赞助或便利，请申明利益相关

用户会在社区里根据大家的分享进行消费决策，请尊重和保护他们的知晓权（请让他们在信息透明的情况下进行）。相关利益申明通常不会影响你的口碑，我们观察到主动告知的作者，只要分享的内容真诚和善意，就更容易受到粉丝的正回馈。同时，在你的日常分享中，也请尽量保证客观中立。

图 5-37　申明利益相关

图 5-38　系统提醒

③分享经过科学论证的内容，如图 5-39 所示。

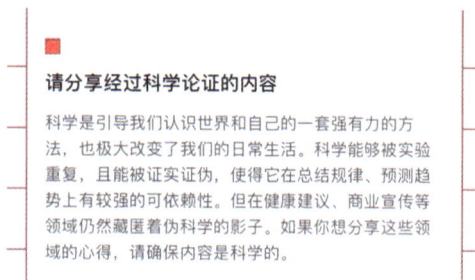

请分享经过科学论证的内容

科学是引导我们认识世界和自己的一套强有力的方法，也极大改变了我们的日常生活。科学能够被实验重复，且能被证实证伪，使得它在总结规律、预测趋势上有较强的可依赖性。但在健康建议、商业宣传等领域仍然藏匿着伪科学的影子。如果你想分享这些领域的心得，请确保内容是科学的。

图 5-39　系统关于科学论证的说明

在某些领域，尤其是养生保健等领域，是谣言重灾区，请确保你分享的内容，不是被辟谣过的内容，比如未经证实的偏方等，如图 5-40 所示。

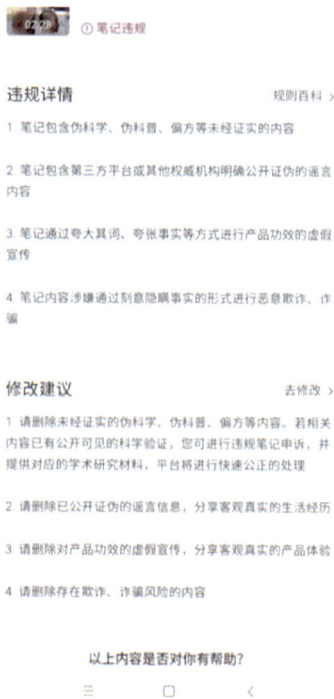

① 笔记违规

违规详情　　　　　　　　　　规则百科 ›

1. 笔记包含伪科学、伪科普、偏方等未经证实的内容

2. 笔记包含第三方平台或其他权威机构明确公开证伪的谣言内容

3. 笔记通过夸大其词、夸张事实等方式进行产品功效的虚假宣传

4. 笔记内容涉嫌通过刻意隐瞒事实的形式进行恶意欺诈、诈骗

修改建议　　　　　　　　　　去修改 ›

1. 请删除未经证实的伪科学、伪科普、偏方等内容。若相关内容已有公开可见的科学验证，您可进行违规笔记申诉，并提供对应的学术研究材料，平台将进行快速公正的处理

2. 请删除已公开证伪的谣言信息，分享客观真实的生活经历

3. 请删除对产品功效的虚假宣传，分享客观真实的产品体验

4. 请删除存在欺诈、诈骗风险的内容

以上内容是否对你有帮助？

图 5-40　系统提醒存在伪科学

④避免过度修饰，如图 5-41 所示。

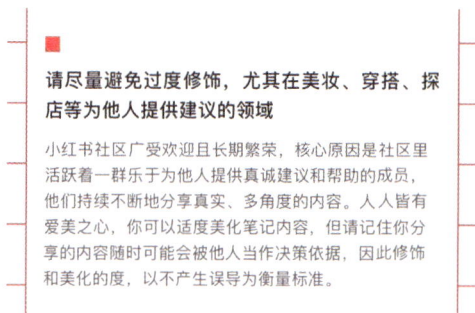

请尽量避免过度修饰，尤其在美妆、穿搭、探店等为他人提供建议的领域

小红书社区广受欢迎且长期繁荣，核心原因是社区里活跃着一群乐于为他人提供真诚建议和帮助的成员，他们持续不断地分享真实、多角度的内容。人人皆有爱美之心，你可以适度美化笔记内容，但请记住你分享的内容随时可能会被他人当作决策依据，因此修饰和美化的度，以不产生误导为衡量标准。

图 5-41　系统关于过度修饰的说明

如果你的笔记里面存在卖点堆砌、过度修饰、刻意摆拍的情况，就有可能被系统检测到并被提醒。按照小红书官方的说法是："避免因大段堆砌官方宣传话术、过度凸显品牌信息、集中罗列产品卖点而使笔记有过度广告感"，如图 5-42 所示。

违规详情　　　　　　　　　　规则百科 >

笔记通过刻意摆拍、卖点堆砌等具有广告感的形式进行商品推荐，包括但不限于：笔记图片或视频画面包含明显广告类摆拍内容；笔记内容突出强调产品卖点且形式较为生硬；笔记内容包含为刻意突出产品介绍而进行的前后生硬转折设计。

修改建议　　　　　　　　　　去修改 >

若笔记分享的内容受到相关商家或品牌的赞助，务必在笔记内容开头等显著位置申明利益相关。

建议笔记在进行产品推荐时避免因大段堆砌官方宣传话术、过度凸显品牌信息、集中罗列产品卖点而使笔记具有过度广告感。

建议笔记在进行产品推荐时避免前后内容转折过于明显而使笔记具有刻意推广感。

以上内容是否对你有帮助？

👍 有帮助　　　👎 没有帮助

图 5-42　系统提醒存在过度修饰

⑤不要轻易给予医疗和投资建议，如图 5-43 所示。

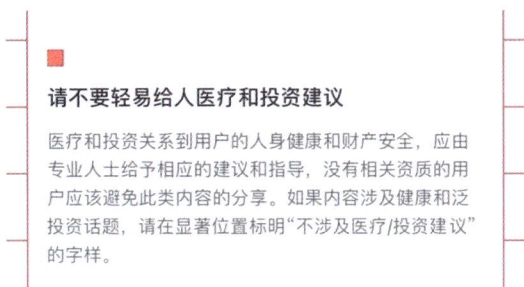

请不要轻易给人医疗和投资建议

医疗和投资关系到用户的人身健康和财产安全，应由专业人士给予相应的建议和指导，没有相关资质的用户应该避免此类内容的分享。如果内容涉及健康和泛投资话题，请在显著位置标明"不涉及医疗/投资建议"的字样。

图 5-43　系统关于医疗投资建议的说明

这条规则在任何平台都是一样的，因为医疗关系到人身健康，投资关系到财产安全，这些领域都是平台重点关注领域。

至于社区公约的全部内容，大家可以自行查看，入口不止一处，如图 5-44 所示。

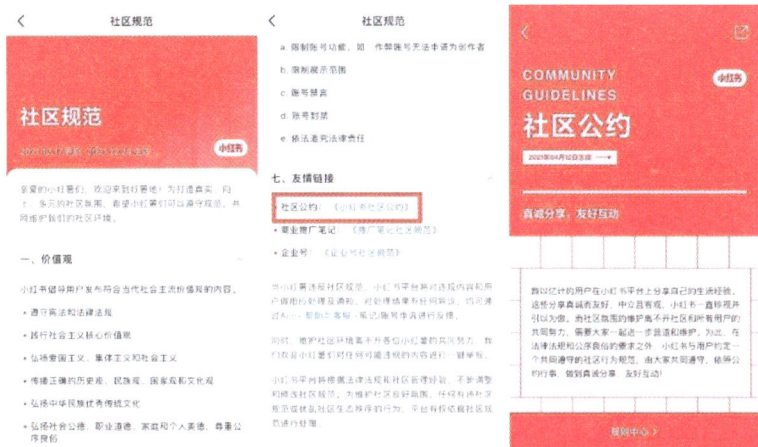

图 5-44　社区公约入口

说完禁止行为和鼓励行为，再来了解某些行业的准入门槛。

3. 了解准入门槛（特殊行业）

在小红书上，为了对用户负责，像医生、律师和财经博主这些类型的博主，是需要提供身份证明的，如图 5-45 所示。

- 对于申请医生、律师、财经类身份的用户，您的账号必须代表在该专业领域内权威的用户；对于申请除上述身份之外的用户，您的账号必须代表社区内的知名用户，我们也会审核多个新闻来源中对您账号的提及情况。

- 您的账号必须在社区内保持活跃，且在 28 天内至少成功发布过一篇笔记。对于申请医生、律师、财经类身份的用户，需同时满足至少发布过五篇笔记。

图 5-45　平台资质要求

这些行业比较特殊，不是你说你是医生，你就可以来分享医学相关知识的，你要提供证明。经过平台认证的医生账号如图 5-46 所示。

账号认证途径如图 5-47 所示。

还有一种就是因为国家或者行业政策的变动，导致某一个行业的准入门槛提高，比如国家的"双减"政策对教培机构的限制，以及小红书对医美行业的治理（如图 5-48 所示）等。

4. 了解官方政策的渠道

每个平台都有发布自己官方政策的渠道，建议所有做小红书的博主，都要关注两个官方账号。

1）薯队长：代表了小红书社区。主要发布平台的一些重大的动向和玩法，如图 5-49 所示。

2）薯管家：主要发布一些社区规则和社区规范的动态，包括近期违规的情况汇总等，如图 5-50 所示。

图 5-46　经过认证的医生账号

图 5-47　账号认证途径

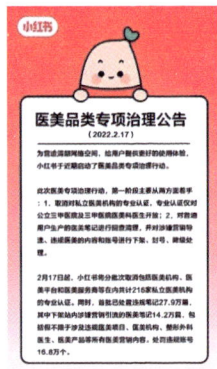

图 5-48　小红书关于
医美品类的治理

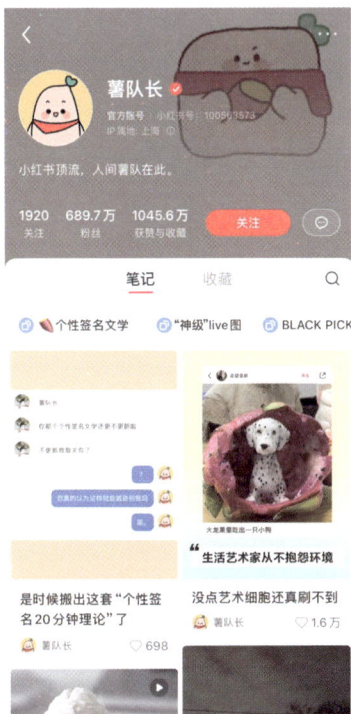

图 5-49　小红书薯队长账号

图 5-50　小红书薯管家账号

5.2.3
小红书广告法违禁处理清单：善用申诉入口

前文讲到了小红书的常见规则，除了常见规则之外，经常在小红书接广告的博主还会遇到一种情况，就是广告违规，如图5-51所示。

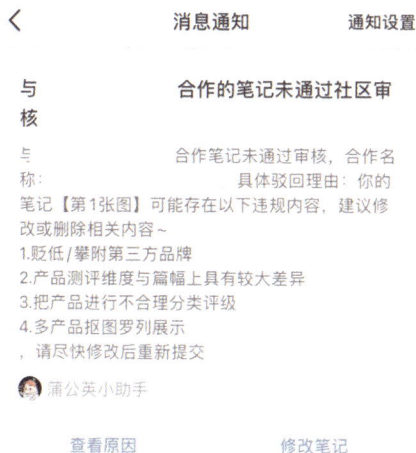

图 5-51　笔记广告违规的说明

除了上面这种情况之外，还有一些常见的广告违规情况。

比如发布"虚假不实"信息，包括伪科学类、夸大宣传类以及背书诱导类，如图 5-52 所示。

图 5-52　关于"虚假不实"的说明

比如"不合理展示产品效果"，包括过度美化型、前后对比特效型、不合理对比暗示型，如图 5-53 所示。

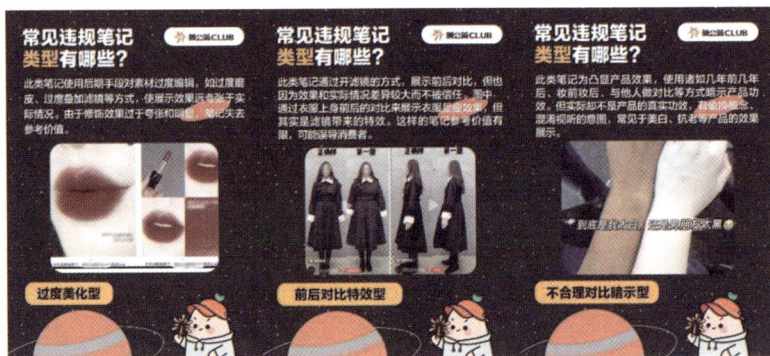

图 5-53　关于"不合理展示产品效果"的说明

比如"伪造和搬运他人体验"，包括未获授权转载他人体验、搬运他人的体验型、伪造体验型、套路营销型，如图 5-54 所示。

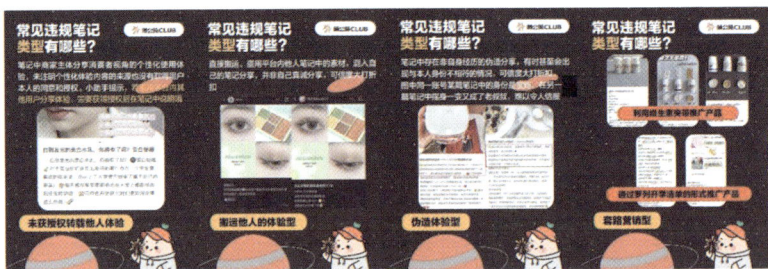

图 5-54　关于"伪造和搬运他人体验"的说明

比如"素材观感不佳"，包括令人不适的身体特写，医疗咨询、展示时使用不适素材，动物相关的不适展示，其他猎奇不适等。

还有一些特殊行业，比如美妆行业和食品行业的笔记高危词汇分别如图 5-55 和图 5-56 所示。

图 5-55　美妆笔记高危词

图 5-56　食品笔记高危词

除了上面提到的这些违规类型之外，还有一些违反广告法的用词，如图 5-57 所示。

图 5-57　笔记违禁词说明

如果你的笔记里面出现了违反广告法的情况，那么记得一定要修改笔记，如果你的笔记里面没有出现违规情况，但是却被平台判

断违规，那也不用担心，小红书提供了申诉途径，具体入口如图 5-58
所示。

图 5-58　笔记申诉入口

5.3
笔记复盘：学会数据分析，笔记迭代很简单

　　作为一个小红书博主，数据分析是一项基本的能力。小红书的
笔记数据是优化和迭代笔记的重要参考标准，但是小红书的笔记到
底该怎么分析，应该关注哪些指标，怎么用数据挖掘出问题，很多
新手博主可能还是不清楚，所以本节就专注于小红书的数据分析，
从数据中挖掘更多有价值的信息。

5.3.1

数据分析漏斗：秒懂小红书数据指标

有很多新手博主发完笔记后，只会关注笔记的阅读量和点赞、收藏的数据，至于其他的数据，则不知道怎么去分析，也不知道数据代表什么意义，不知道怎么通过数据分析去做优化调整。

小红书博主应该如何做数据分析？

首先需要知道在哪里能看到小红书的账号数据，在账号主页点击左上角三条杠，点击【创作中心】即可查看账号数据，如图5-59所示。

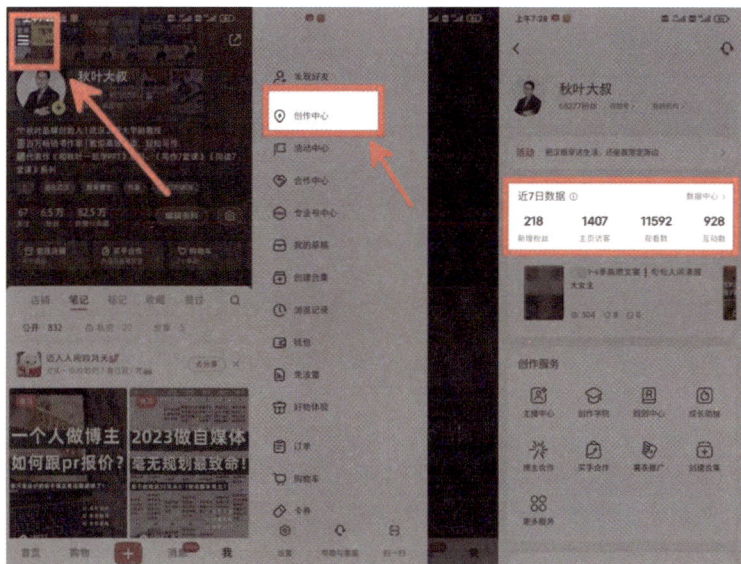

图 5-59　数据中心入口

数据中心的详细数据，目前需要有50个粉丝才能解锁。（注：平台规则可能会变化，请以平台最新要求为准。）次日就能看到数据中心的详细数据。

数据中心会展示3大板块的数据：账号概览、笔记分析、粉丝数据，如图5-60所示。下面主要讲解账号概览和粉丝数据。

图 5-60　数据中心页面

1. 账号概览

①账号基础数据。

账号概览里面展示的是账号基础数据，包括近 7 日的和近 30 日的。然后基础数据里面有 3 大数据指标：观看、互动和转化。

1）观看：包括观看量、观看总时长、主页访客。

在每一个指标后面，还可以看到这项数据和上个时间周期的数据对比，如图 5-61 所示。

图 5-61　数据中心"观看"页面

这里的"观看"代表的是用户点击你的笔记的次数，很多人容易把"观看"和"曝光量"混淆，"曝光量"表示的是你的笔记的展示次数，这个数据目前看不到，有展示不代表用户会点击，只有用户点击之后才会算一次"观看"。

2）互动：包括点赞、收藏、评论和弹幕。

互动数据代表着笔记的优质程度，一般情况下，互动数据越好，表示笔记越优质。数据中心"互动"页面如图 5-62 所示。

点赞：意味着用户喜欢你的内容，表示一种认可。

收藏：意味着你的内容对用户有用，用户收藏之后可以在自己的收藏夹里面再次看到。

评论：意味着你的内容引发了用户的共鸣，可能是认同的，可能是反驳的，但是激发了用户的表达欲。

弹幕：和评论差不多，只是弹幕是视频笔记里面才有的。

3）转化：笔记"涨粉"和笔记分享。

转化意味着用户关注你了，这是用户对你的认可，当用户觉得你的内容不错，觉得你账号里面的其他内容对他有价值，并且希望能继续看到你之后的笔记时，用户就会关注你。数据中心"转化"页面如图 5-63 所示。

图 5-62　数据中心"互动"页面　　**图 5-63　数据中心"转化"页面**

笔记分享就是用户把你的笔记转发给其他人，大部分情况下，是用户觉得你的笔记有用，才会选择将其分享给其他人，所以笔记分享数据好也代表着一种认可。

4）近 7 日账号诊断。

在账号基础数据中有一个近 7 日账号诊断，能看到你的账号和同类作者对比的结果（如图 5-64 所示），不过这仅供参考，因为在这个页面你很难判断小红书对"同类作者"的定义是什么样的。

②观众来源分析。

在账号基础数据下面的板块是观众来源分析，同样可以显示近7日和近30日的数据，如图5-65所示。

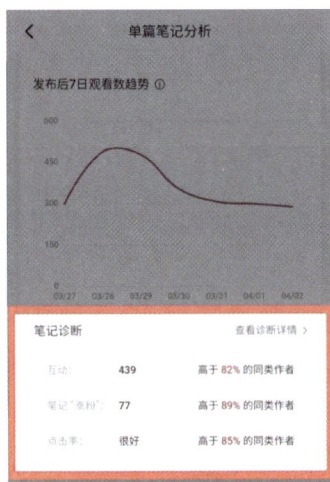

图 5-64　笔记诊断页面

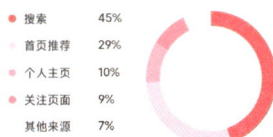

图 5-65　观众来源分析页面

这个板块的数据比较重要，能看到你账号的流量是从哪里来的。

正常的观众来源，一般包括：首页推荐、个人主页（关注页面）、搜索和其他来源。

1）首页推荐。

通过首页推荐即从小红书的推荐页来的用户，也就是在"发现"页面刷到了你的笔记的用户，如图5-66所示。这个数据占比越大越好，占比大说明你的内容被平台推荐了，如果首页推荐占比很小甚至没有首页推荐，很可能就是账号被限流了。

2）个人主页（关注页面）。

通过个人主页（用户通过点击你的头像进入你的账号主页然后点击了其他笔记）或者关注页来的用户如图5-67所示，大部分情况下是你的粉丝，这个占比不应太大，太大说明你的笔记只有粉丝能看到，其他人看不到，也没有被平台推荐或者推荐的流量很少，不管你的粉丝数量有多少，和平台用户数量比起来肯定是少的。

图 5-66　发现页

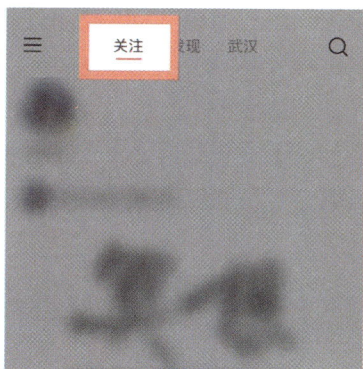

图 5-67　关注页

3）搜索。

搜索指的是用户通过搜索某个关键词找到并点击了你的笔记，搜索占比大说明你的笔记关键词植入做得比较好，容易被搜到,或者你的笔记干货比较多。

一般用户搜索的时候都是带着具体的问题展开的，如果你的笔记干货多并提供了解决方案，那么就容易被搜索到，比如在小红书搜索"怎么减肥"的时候，出现在首页的一般都是减肥干货帖子，如图 5-68 所示。

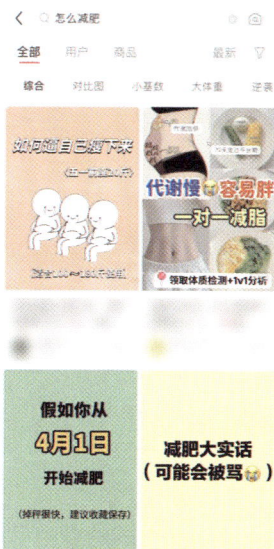

图 5-68　搜索页

4）其他来源。

其他来源一般包括转发分享、同城流量或者分享到其他平台的流量，这个占比一般不会太大，不会超过 10%。

2. 粉丝数据

在数据中心里面除了账号概览之外，还有笔记分析和粉丝数据两个板块，笔记分析板块将在 5.3.2 小节讲到，先来介绍粉丝数据这个板块，如图 5-69 所示。

①粉丝基础数据。

在粉丝基础数据里面，你可以看到近 7 日和近 30 日的粉丝数量变化，包括新增粉丝数、流失粉丝数和总粉丝数，如图 5-70 所示。

图 5-69　粉丝数据

图 5-70　粉丝基础数据

正常来说，只要新增粉丝大于流失粉丝就可以，粉丝流失不可避免。

但是如果出现流失粉丝大于新增粉丝的情况，就要注意了。你可以留意粉丝流失比较多那天的账号情况，是发了什么笔记导致用户不喜欢，还是因为接了广告掉粉，要搞清楚粉丝流失的原因，以便后续做出调整。

②新增粉丝来源。

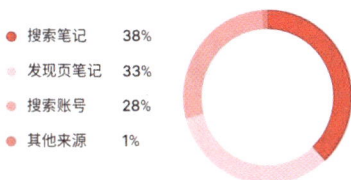

在新增粉丝来源处（如图 5-71 所示），你能看到最近的粉丝是通过什么渠道来的。一般来说这里的数据和账号观众来源分析是正相关的，分析方法也是一样的，通过发现页笔记来的粉丝越多越好，说明是被系统推荐而实现"涨粉"的。

新增粉丝来源 ⓘ

- 搜索笔记　38%
- 发现页笔记　33%
- 搜索账号　28%
- 其他来源　1%

图 5-71　新增粉丝来源

如果粉丝是通过搜索笔记来的，说明你的笔记里面有精准的关键词。直接通过搜索账号来的粉丝一般不多，除非你的账号在某个地方被大量曝光了，比如出现在某些推荐笔记里。

③粉丝画像。

粉丝画像里面的数据可以让你更好地了解你的粉丝群体，包括性别分布、年龄分布、城市分布和兴趣分布。

性别分布（如图 5-72 所示）：如果你的账号做的是跟女性有关的内容，那么肯定女性粉丝占比越大越好，如果是男性粉丝占比更大，那你就要留意是不是内容上有一些偏向，过于吸引男性用户。

在大部分情况下，账号的女性用户占比越大越好（除非你是做专门面向男性用户的账号，比如男性穿搭或者数码分享之类），因为小红书女性用户为多数，而且在小红书上做推广的大多数品牌的受众也是女性用户。

图 5-72　粉丝画像——性别分布

年龄分布（如图 5-73 所示）：粉丝画像里面的年龄分布要吻合你账号的受众。比如你是做女性穿搭的账号，那么粉丝年龄大多数应该在 18~34 岁；如果你做的是育儿类的账号，那么粉丝年龄大多数应该在 25~44 岁，如果年龄分布跟你的账号受众不一致，那么你的笔记可能就有一些问题。

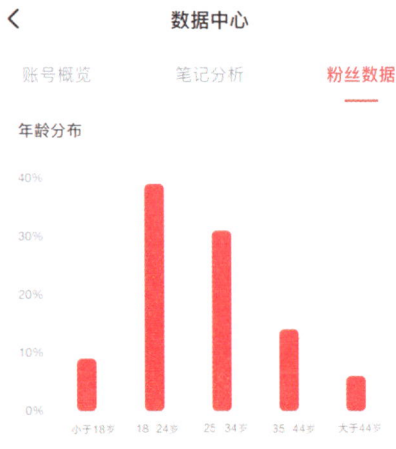

图 5-73　粉丝画像——年龄分布

一般情况下，粉丝的年龄大部分在 18~44 岁比较好，因为这个阶段的用户消费能力和消费意愿都要强一些，年纪小了可能消费能力不足，年纪偏大可能消费意愿不足。

城市分布（如图 5-74 所示）：一般情况下，粉丝的城市分布以一线城市为主，比如北京、上海、广州、深圳，这和小红书本身的用户群体有关。

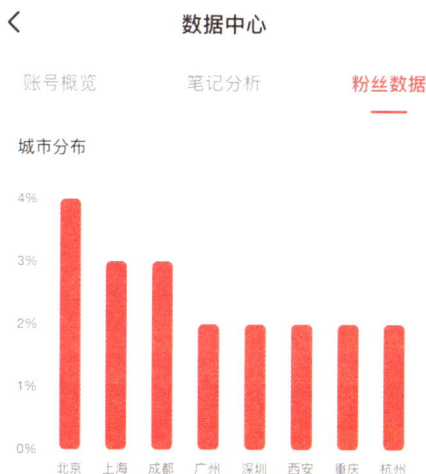

图 5-74　粉丝画像——城市分布

如果你做的是同城类的账号，那么你所在的城市用户占比应该会更大。

兴趣分布（如图 5-75 所示）：正常情况下，粉丝的兴趣分布要跟你的账号定位一致。比如你是做美食赛道的，那么粉丝里面对美食感兴趣的会更多，不过这里的数据仅供大家参考，不必过于纠结，因为这个兴趣分类比较宽泛，可能不是特别精准。

通过仔细分析粉丝画像，你就可以判断你的账号的受众跟你的笔记内容是不是吻合，然后以此为依据判断要不要调整账号方向和内容。

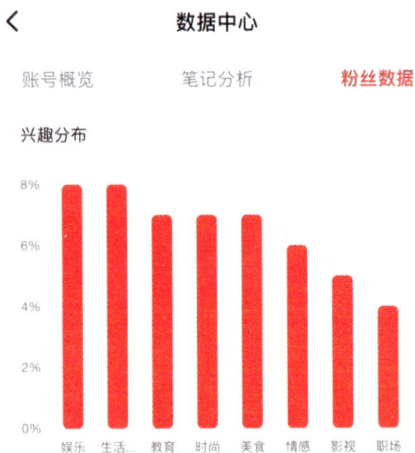

< 　　　　　　数据中心

账号概览　　　笔记分析　　　**粉丝数据**

兴趣分布

图 5-75　粉丝画像——兴趣分布

小结

了解小红书中的一些基础数据并学会如何分析。

1. 互动数据代表着笔记的优质程度，互动数据越好，表示笔记越优质。

2. 观众来源分析中首页推荐占比越大越好，而如果个人主页占比太大，则账号有可能被限流了；搜索占比大说明关键词精准或者笔记干货足。

3. 粉丝数据会有正常波动，只要新增粉丝大于流失粉丝即可。

4. 通过发现页笔记来的新增粉丝越多越好，说明账号被系统推荐了。

5. 一般情况下，账号的粉丝画像里，女性用户占比越大说明账号越有商业价值；年龄在 18~44 岁比较好，说明粉丝消费能力和消费意愿强；城市分布以一线城市为主。

5.3.2
复盘 3 问：把握数据动态，确定优化方向

5.3.1 小节主要介绍了小红书常见的数据指标，本小节主要介绍如何去挖掘这些数据指标背后隐藏的问题。

首先需要引入几个概念，分别是：点击率、互动率和赞粉比，并逐个进行分析。

1. 点击率

点击率 = 阅读量 / 曝光量 × 100%，阅读量就是笔记的"小眼睛"，但是在小红书中是看不到具体的曝光量的，所以以具体的点击率无法准确计算出来。

在单篇笔记的数据分析中，可以在笔记诊断处查看笔记的点击率，如图 5-76 所示。

点击【查看诊断详情】，打开诊断详情页面，如图 5-77 所示，可以看到影响笔记点击率的因素包括封面、标题和选题，如果笔记点击率不高，可以考虑从这三个角度进行优化。

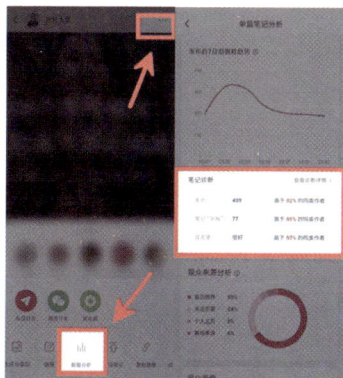

图 5-76　单篇笔记数据分析

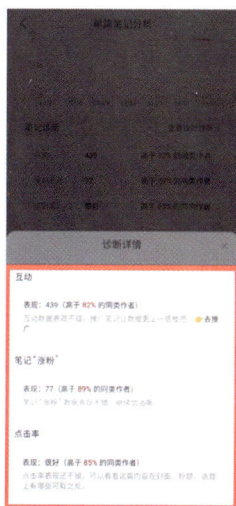

图 5-77　诊断详情页面

上面说的是单篇笔记的点击率，但是其实在小红书上，有个隐藏的页面会显示账号的整体点击率，这个入口隐藏得很深。

首先你需要开通个人专业号，也就是要进行实名认证，认证入口：设置—账号与安全—实名认证，如图 5-78 所示。

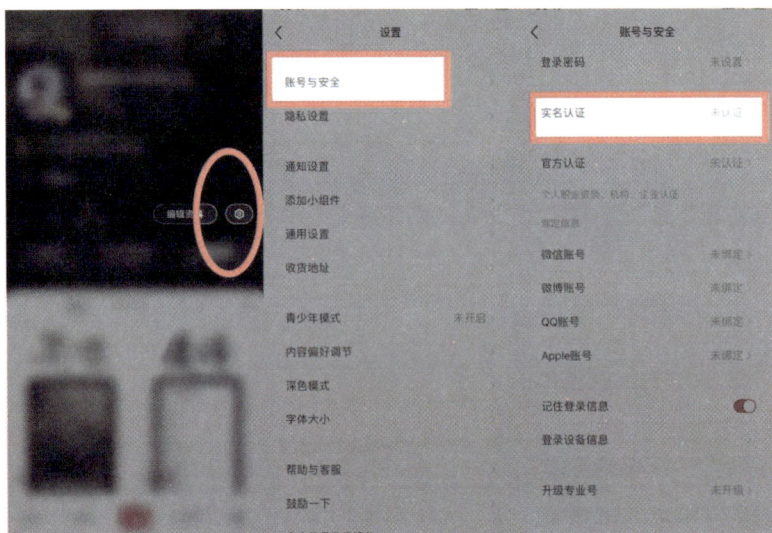

图 5-78　小红书实名认证入口

进行个人专业号认证后，在小红书主页点击左上角三条杠，点击【专业号中心】，打开专业号中心页面，点击【更多数据】，然后点击【个人主页】，就可以看到账号近 7 日和近 30 天的主页笔记点击率，如图 5-79 所示。

这里你可以看到笔记的点击率和笔记的阅读次数，根据这两个数据就可以算出曝光量。一般来说，笔记点击率大于 5% 是正常的，小于 5% 就要从封面、标题和选题三个方面进行优化。

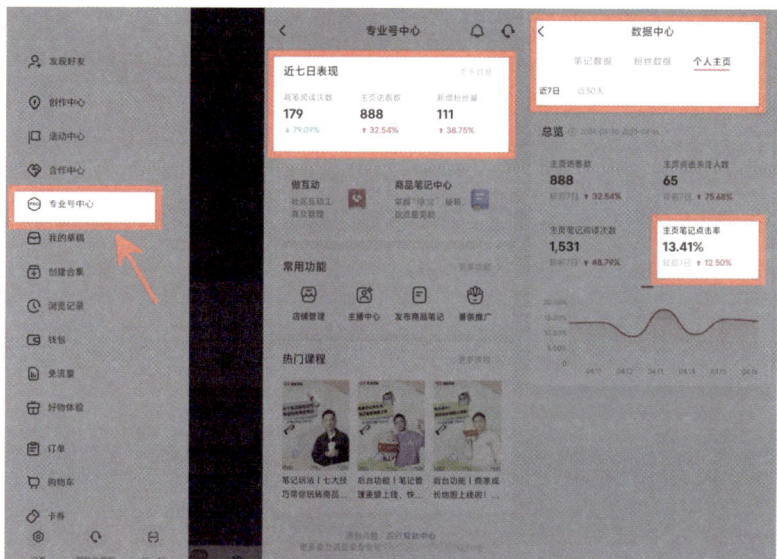

图 5-79　专业号中心里面的数据

2. 互动率

互动率＝（点赞＋收藏＋评论）/阅读量 ×100%，互动率反映的是用户对你笔记的喜欢程度，互动率越高代表笔记质量越高。

在单篇笔记分析里，你可以算出单篇笔记的互动率，以下面这篇笔记为例（如图 5-80 所示），点赞（1 367）＋收藏（313）＋评论（387）=2 067，笔记阅读量也就是观看量是 17 157，这样算出来这篇笔记的互动率是 2 067÷17 157 × 100%=12.05%。

同样也可以算出整个账号的互动率，在账号数据中心的账号概览

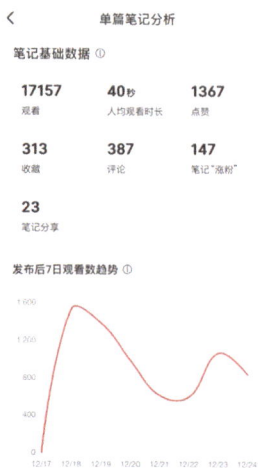

图 5-80　笔记基础数据（一）

里面，能看到账号近 7 日或者近 30 日的互动数据，以图 5-81 中账号的 30 日数据为例，点赞（1 602）+收藏（2 170）+评论（210）=3 982，在观看里面能看到笔记的阅读量为 49 683，算出来的该账号近 30 日的互动率为 3 982÷49 683×100%=8.01%。

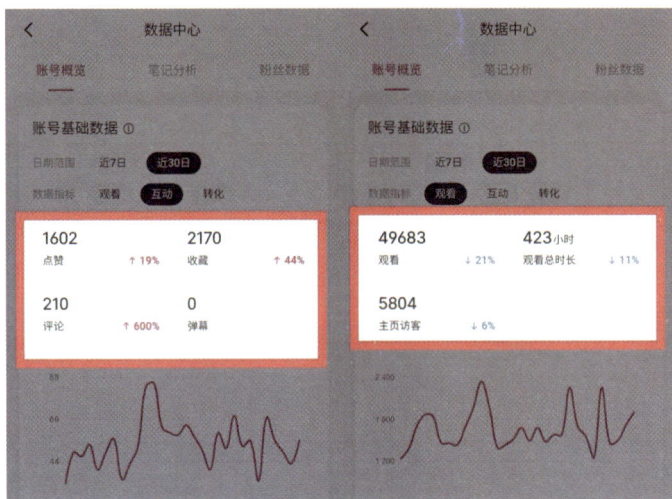

图 5-81　数据中心——账号概览（一）

一般来说，互动率也要大于 5%，如果小于 5%，说明账号或者笔记虽然有人看，但是没有人点赞、收藏和评论，意味着笔记无法打动人，内容质量不高。

当然也会有例外，比如有些笔记"蹭热点"或者本身就是用户比较关心的热门话题，这种笔记自带流量，阅读量会非常高，但是点赞和收藏可能并不高，所以看起来互动率会比较低。互动率只是一个维度的参考数据，并不是判断笔记质量的唯一标准。

3. 赞粉比
赞粉比=（点赞+收藏）/"涨粉"数量，代表的是笔记或者账号的转粉能力。

先来看单篇笔记的赞粉比，以下面这篇笔记为例（如图 5-82 所示），点赞（16 902）+收藏 11 805=28 707，笔记"涨粉"数量是 6 033，那么这篇笔记的赞粉比是 28 707÷6 033=4.76，意味着每 4.76 个点赞或者收藏就会带来一个粉丝的转化。

笔记基础数据 ①

225987	52秒	16902
观看	人均观看时长	点赞
11805	1371	6033
收藏	评论	笔记"涨粉"
1547		
笔记分享		

图 5-82　笔记基础数据（二）

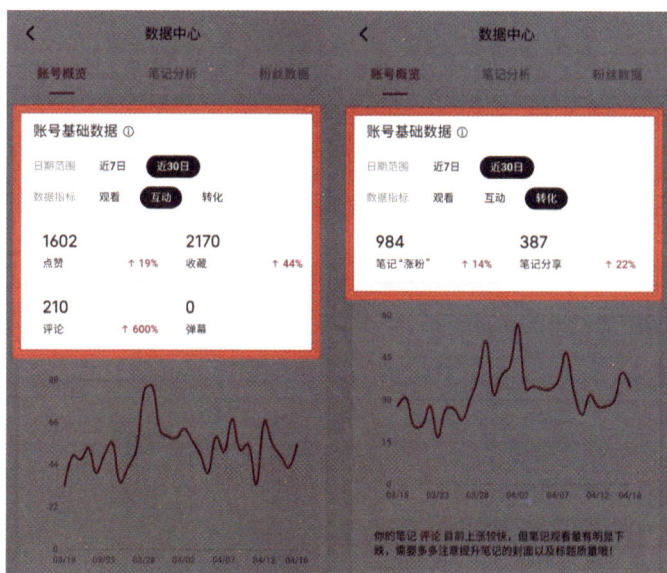

同样也可以算出单个账号的赞粉比，以图 5-83 为例，这个账号最近 30 天的点赞（1 602）+收藏（2 170）=3 772，近 30 天"涨粉"984，算出来这个账号的赞粉比是 3 772÷984=3.83。

图 5-83　数据中心——账号概览（二）

此外在账号的主页也能看出来整个账号的赞粉比，以图 5-84 为例，这个账号的获赞与收藏数据是 4.4 万，粉丝数量是 1.5 万，赞粉比是 4.4 ÷ 1.5=2.93。

一般来说，赞粉比的数值越小说明转粉能力越强，赞粉比的数值小于 10 是正常的，图 5-84 中账号赞粉比是 2.93，意味着差不多每 3 个点赞与收藏就会带来一个粉丝关注，说明账号转粉能力很强，给用户的价值感很高。

图 5-84　账号主页获赞与收藏数据（一）

如果赞粉比过高，你就要考虑一下，是不是账号不够垂直，或者主页包装不够吸睛醒目，留不住用户。此外，如果你曾经出过"爆款"笔记，会导致你的获赞与收藏数据比较高，这种情况下赞粉比的数据也会比较高。比如图 5-85 中的账号，因为出过"爆款"笔记，赞粉比就会偏高，高达 32.97。

图 5-85　账号主页获赞与收藏数据（二）

在运营小红书账号的过程中，除了关注一些直观的数据外，也要学会去分析隐藏在这些直观数据背后的数据指标，从而挖掘出笔记或账号隐藏的问题，为优化和迭代提供思路和方向。

小结

把握数据动态，确定优化方向。

点击率 = 阅读量 / 曝光量 × 100%，点击率过低，就要从封面、标题和选题三个方面进行优化。

互动率 = （点赞 + 收藏 + 评论）/ 阅读量 × 100%，互动率反映的是用户对你笔记的喜欢程度，互动率越高代表笔记质量越高。

赞粉比 = （点赞 + 收藏）/ "涨粉" 数量，代表的是笔记或者账号的转粉能力。

5.3.3
必备工具：小红书数据分析网站

在前面做数据分析的时候，更多依赖的是小红书 App 页面显示的数据以及小红书本身的数据，但是其实小红书也有网页端，能更方便地查看数据，也有一些第三方平台提供了更多、更细致的数据分析功能。

1. 小红书创作服务平台——网页端查看笔记数据更方便

小红书创作服务平台其实就是小红书的网页版，直接在搜索引擎输入 "小红书创作服务平台" （如图 5-86 所示），然后登录账号就可以打开页面。

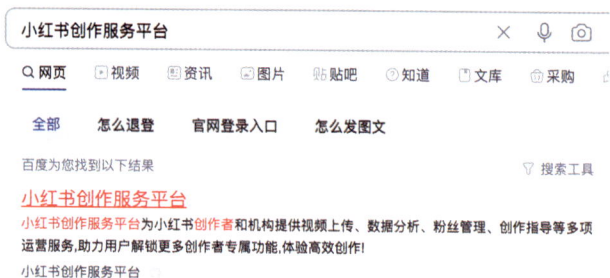

图 5-86　小红书创作服务平台入口

在小红书创作服务平台，也可以看到账号的一些基础数据，比如近 7 日和近 30 日的数据总览，如图 5-87 所示。

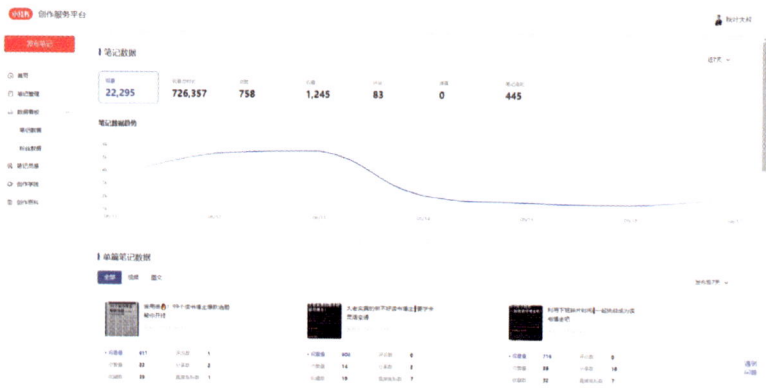

图 5-87　小红书创作服务平台——数据总览

这个网站可以让你更加方便地查阅小红书的单篇笔记数据，如果你要在小红书 App 端查看单篇笔记数据，要么是在数据中心页面的笔记分析板块一篇篇查阅（如图 5-88 所示），要么是点击每篇笔记右上角三个点然后点击【数据分析】查看（如图 5-89 所示）。但是在小红书创作服务平台的笔记数据板块，你可以在一个页面看到每篇笔记的数据，更方便记录和分析，如图 5-90 所示。

图 5-88　数据中心——笔记分析

图 5-89　单篇笔记数据分析

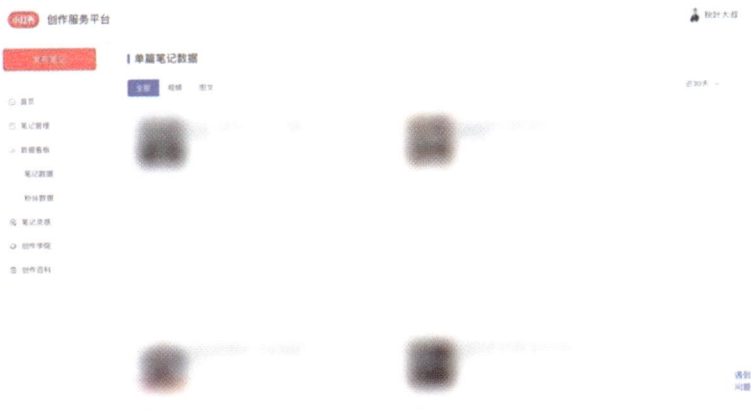

图 5-90　小红书创作服务平台——笔记数据

　　此外，也可以在粉丝数据板块查阅粉丝画像的数据，如图 5-91 所示。

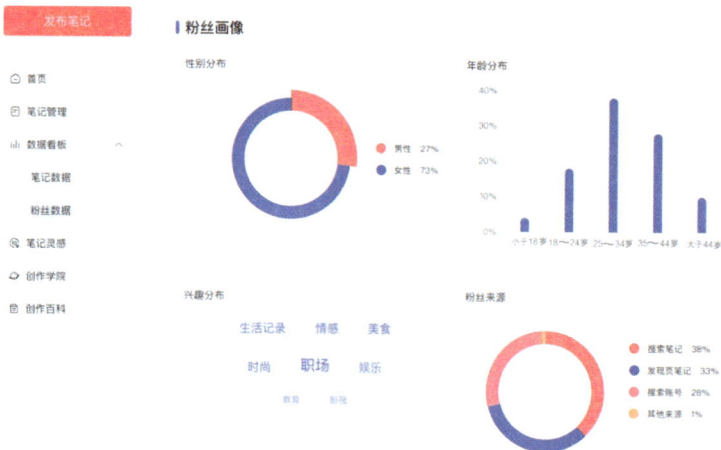

图 5-91　小红书创作服务平台——粉丝数据

2. 新红——精细的小红书数据分析网站

小红书本身能够提供的数据量比较有限，不管是 App 还是网页版其实都只能提供一些基础数据，所以有一些专业的第三方数据服务商会提供更加精细的小红书数据分析，比如新红。新红是新榜旗下专门提供小红书数据分析的网站，如图 5-92 所示。

图 5-92　新红主页

新红分为付费版和免费版，付费版能够查询到的数据比较多，包括但不限于以下内容。

1）找红人：包含小红书关键意见领袖（Key Opinion Leader，KOL）账号、运营效果，以及投放，其中包括地域找号、红人PK等，如图5-93所示。

图5-93　找红人页面

2）话题/热词：包括话题搜索、热搜词搜索、话题榜单、热搜词榜单、流量扶持话题等，如图5-94所示。

图5-94　话题/热词页面

3）商情监测：包括舆情监控、人群画像、内容画像等多维度监测，如图 5-95 所示。

图 5-95　商情监测页面

4）找笔记：包含"爆款"内容、传播监控，以及流量扶持话题等，如图 5-96 所示。

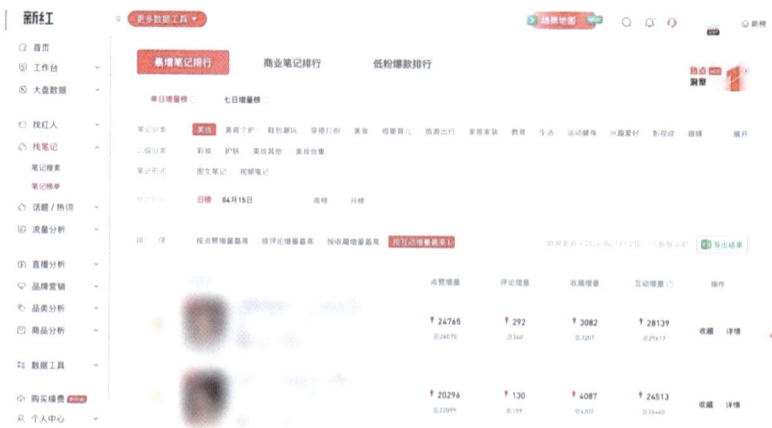

图 5-96　找笔记页面

5）流量分析：从关键词、话题、单条笔记等多维度进行数据分析，其中关键词对比功能可进行数据、活跃度、人群画像等多维度数据对比，如图 5-97 所示。

图 5-97 流量分析页面

免费版功能如下。

1）收藏功能：小红书账号收藏单个文件限量 20 个，文件夹限量 3 个。

2）红人筛选：支持总榜、地域榜、"涨粉"榜、人气榜基础筛选，红人详情页限量访问 20 次 / 日。

3）红人 PK：支持每日 5 次红人对比分析，对比范围包括品牌合作、笔记 / 运营数据等。

4）热门笔记 / 话题查询：包括笔记 / 话题分类、形式、互动效果等基础服务，笔记 / 话题内容限量访问 5 次 / 日。

5）流量趋势查询：支持 7 天内的单词条查询。

3. 蝉小红——小红书营销数字化平台

蝉小红是蝉大师旗下数字营销产品，是专业的小红书数据分析平台，通过对小红书进行多维度数据监测统计分析，提供小红书直播诊断服务、博主"带货"销量排行榜、小红书精细化"种草"运营策略、小红书热门笔记诊断分析等服务。蝉小红首页如图5-98所示。

图 5-98　蝉小红首页

蝉小红同样分为付费版和免费版，付费版提供的服务包括但不限于以下内容。

1）博主库：提供博主查询榜单，包括"涨粉"最快的博主、行业优秀博主、地区优秀博主、"带货"能力强的博主等形式。博主库页面如图5-99所示。

图 5-99　博主库页面

2）笔记库：快速查找爆文，包括实时笔记榜、商业笔记榜、低粉爆文榜等数据。笔记库页面如图 5-100 所示。

图 5-100　笔记库页面

3）品牌库：查找行业热门品牌，包括商业投放榜、品牌"种草"榜以及投放增长榜等榜单。品牌库页面如图 5-101 所示。

图 5-101　品牌库页面

4）热搜词库：包括热搜词增量榜、热搜词总量榜、话题排行榜以及流量扶持话题等内容。热搜词库如图 5-102 所示。

图 5-102 热搜词库页面

5）工具库：包括行业流量大盘、品牌舆情监控、"种草"效果分析、品牌博主投放分析等功能。工具库页面如图 5-103 所示。

图 5-103 工具库页面

免费版功能如下。

1）收藏功能：免费收藏 50 条笔记。

2）"爆款"内容筛选：实时笔记、商业笔记、低粉爆文等。

3）内容趋势：热搜词搜索、热门话题搜索每日 5 次免费使用。

4）笔记监控：每月免费 10 条。

需要说明一下，类似新红和蝉小红这样的数据分析网站的会员费都不算便宜，比较适合成熟的博主或者企业使用，个人新手博主可以先使用免费版，如果觉得有必要再去开通会员。

小结

常见的小红书数据分析网站如下。

1. 小红书创作服务平台——网页端查看笔记数据更方便。

2. 新红——精细的小红书数据分析网站。

3. 蝉小红——小红书营销数字化平台。

高效引流:

低成本线上精准获客

6.1

高效引流规划：流程做对，高质量客户源源不断

6.1.1

引流渠道：让用户看到你，抓住 7 大引流曝光入口

　　想要将用户引流到自己的私域流量池，就要想办法让用户看到你的引流信息或者内容，因此掌握小红书有哪些引流曝光的入口就变得非常重要。本小节主要介绍小红书中的 7 大引流曝光入口，如图 6-1 所示，帮助大家更合理地布局引流信息。

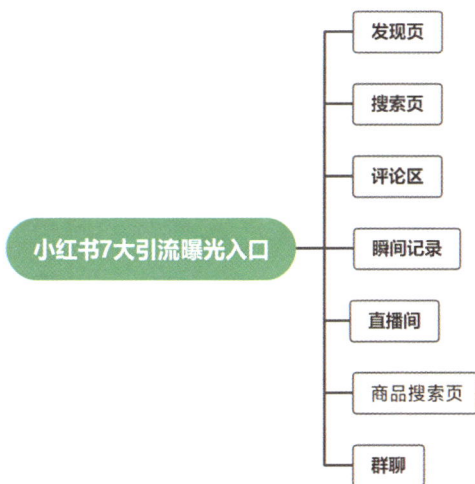

图 6-1　7 大引流曝光入口

1. 小红书发现页

　　小红书首页的发现页是小红书最大的流量入口，也是笔记的主要曝光入口。系统会根据用户的兴趣、行为等因素，推荐相关的内容给用户。想通过发现页去曝光自己的引流信息，就要提升自己生

产"爆款"笔记的能力。小红书首页的发现页如图 6-2 所示。

如果想要让引流信息更精准地曝光在首页，也可以使用聚光投放的方式（具体讲解可以看第七章）让笔记内容曝光在精准人群的首页当中。这类内容通常在笔记封面的右下角会有一个"赞助"标识。

2. 小红书搜索页

想要精准流量，就要抓住小红书搜索页的曝光入口，用户在搜索框中输入关键词后，会出现与关键词相关的内容，如图 6-3 所示。因此，合理使用关键词，提高笔记在搜索结果中的排名，也是增加曝光的有效方式。

图 6-2　小红书首页的发现页　　　图 6-3　小红书搜索页

例如秋叶 PPT 的小红书账号经常在笔记内容中植入"PPT""PPT学习""PPT 教程"等关键词，现在用户搜索这些关键词，就会优先看到这些信息。

3. 小红书评论区

当你的笔记获得曝光时，有一个曝光入口很容易被大家忽略，就是笔记的评论区。好的笔记会让评论区热闹起来，用户的每个评论，品牌或者博主都应该积极回复，每一次的回复都是很好的引流契机。

比如用户问"怎么学习""在哪里购买"，都无疑透露出这是一位精准用户，如图 6-4 所示，品牌或博主可以有针对性地回复，有技巧地与用户建立更进一步的关系，将用户引入自己的私域流量池。

图 6-4　小红书评论区回复截图

4. 小红书瞬间记录

除了发现页和搜索页，小红书的个人瞬间记录，也是一个曝光入口。通过记录日常的方式，巧妙地引导用户主动私信自己（如图 6-5 所示），利用图片打卡方式，把想要表达的引导信息展示在自己的账号主页。

图 6-5　小红书瞬间记录及主页截图

当用户主动私信你的时候，引流的难度就会大大降低，安全风险也会低很多。所以掌握引导用户主动私信的技巧是非常重要的。

5. 小红书直播间

创作者在小红书引流的第五个曝光入口是直播间。小红书于2019年11月宣布入局直播电商，内测数月后，小红书直播于2020年4月正式开始公测，公测范围为平台内全部创作者。2023年小红书推出"百万买手计划"，这一举动也体现了小红书深入电商领域的决心。

直播功能开启后，品牌或者个人博主能直接面向用户进行互动直播，在增强人设、粉丝黏性的基础上，做深度"种草"与交易转化，同时因为在直播过程中便于和用户建立信任，所以也更容易引导用户进入自己的私域流量池。

不过由于小红书的限制，在直播间引导用户的时候要注意尺度。推荐借助小红书群聊，先引导用户进群，再进一步将其引导到私域流量池。

6. 小红书商品搜索页

品牌曝光自己的商品最好的入口就是小红书店铺，当你将自己的商品上架到小红书上后，用户搜索时就有机会看到你的商品（如图6-6所示），这样吸引来的用户不仅精准，也是具有高度购买意向的用户。

品牌可以通过店铺创建自己的导流商品，不仅可以对用户进行付费筛选，而且可以更安全地获得用户的联

图 6-6 小红书商品搜索
结果页面

系方式，将其引流到私域流量池。

7. 小红书群聊

小红书最后一个引流曝光入口就是小红书群聊。群聊功能能提升品牌或者个人博主的引流效率，因为一个群可以容纳 500 名用户，并且用户进群后，只有群内的人可以相互触达。群内的运营可以提升用户对品牌或者个人博主的信任。小红书群聊截图如图 6-7 所示。

图 6-7　小红书群聊截图

在小红书群聊里可以通过组织活动、售卖商品等方式提升引流效果。

小结

小红书有 7 大引流曝光入口，具体如下。

1. 小红书发现页：主要的流量入口，笔记内容的质量越高，获得曝光越多。

2. 小红书搜索页：精准的流量入口，关键词植入越准确，流量越精准。

3. 小红书评论区：在自己的笔记评论区曝光，提升用户信任度。

4. 小红书瞬间记录：利用日常打卡记录的方式，在首页展示引流信息。

5. 小红书直播间：用直播的方式面对面和用户沟通，信任感更强，引流效果更好。

6. 小红书商品搜索页：曝光商品的最佳入口，筛选高净值的付费用户。

7. 小红书群聊：可以多次曝光，是触达用户的入口，多对多引流效率高。

6.1.2

引流"钩子"：让用户主动找你，5 种引流"钩子"类型

"老师，我的笔记有几百个点赞和收藏，但是为什么没有用户私信呀？"

这是秋叶小红书训练营学员在做引流时经常会遇到的问题。而出现这个问题的原因就是没有弄清楚引流内容和"爆款"内容之间的区别。试想，当你想做一个 PPT，不知道如何做，去小红书上搜索，看到如图 6-8 所示的两条笔记内容，你会更容易主动私信哪一

个博主？

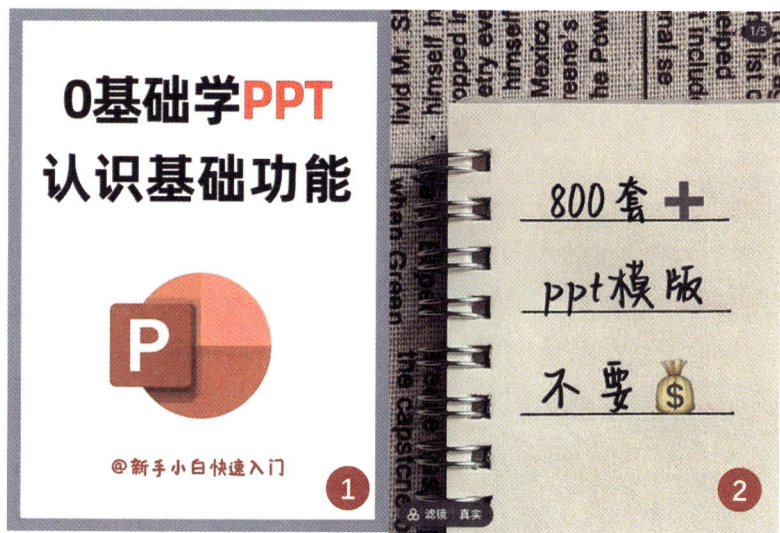

图 6-8　小红书 PPT 相关笔记截图

　　相信很多人都会选择赠送 PPT 模板的这个内容，因为里面含有一个直白的利益点，就是 800 套 PPT 模板，让你感觉拿来立刻就能用。而这个利益点就是引流"钩子"，和钓鱼时需要鱼饵一样，想让用户主动找你，就要给他一个与他相关或者他需要的利益点。

　　那有哪些东西适合作为"钩子"呢？本小节就给大家介绍 5 种常见的"钩子"类型，帮助大家打开思路，提前储备。

　　①各类工具包。

　　各类工具包如网站大全、软件安装包、插件安装包都非常受欢迎，如果你本身做的是这类硬技能的教学，用这些工具包导流，效果就会非常好。比如经常见到的一些修图课程，就会以赠送修图安装软件为利益点，吸引用户主动咨询报名。

②各类电子资料。

第二个很有用的"钩子"就是各类电子学习资料，比如考研博主会经常分享一些考研笔记或者真题资料，美食博主可以分享菜谱教程，PPT 博主可以分享 PPT 模板等，绘画博主可以赠送自己绘制的头像、壁纸原图。小红书壁纸账号内容截图如图 6-9 所示。

图 6-9 小红书壁纸账号内容截图

学习资料、模板资料、文字教程、绘画原图，这些电子资料不仅成本低，展示直观，效果也非常好。当然不同的模板吸引的用户群体也不同，后续的转化效果也不一样，所以在选择引流"钩子"时，也需要多和用户的人群画像以及具体需求匹配。

③各种免费课程。

除了电子资料，在教育行业里，免费课程也是一个很好的利益点。现在市面上很多的体验课程，其实本质就是一个引流"钩子"。

如果你是教育类的博主，将你日常的教学视频内容做好分类整理，也可以作为引流"钩子"。

④各种免费服务体验。

第四个比较常见的引流"钩子"是免费的服务体验。比如免费的咨询，这是帮助商家或者博主了解自己用户需求非常好的一种方式。很多高价的产品，一定要做用户筛选，而为用户提供免费的诊断或者咨询，就是一个很好的做用户筛选的方式。

⑤各种免费产品试用。

如果是传统的电商商家或者企业，那么低价甚至免费的产品就是很好的引流"钩子"。比如购买护肤品会赠送小样、用支付宝的积分可以兑换免费的餐巾纸等，这些都是用免费产品来获取用户的一种方式。图6-10所示为商家在小红书发布0元试用的笔记，招募体验官，本质就是通过免费产品获取用户。

图6-10　小红书某品牌商品0元试用招募内容截图

小结

5 种小红书引流"钩子",让用户主动找你。

1. 各类工具包:网站大全、软件安装包、插件安装包。

2. 各类电子资料:学习资料、模板资料、图片素材、文字教程。

3. 各种免费课程:学习课程、技巧视频、免费直播。

4. 各种免费服务体验:免费咨询、免费诊断。

5. 各种免费产品试用:0 元试用、品牌小样等。

6.1.3

引流话术:让用户主动评论和私信,两个话术设计思路

了解了引流内容的曝光渠道、引流内容的"钩子"设计,如何进一步增加用户主动评论和私信的行为呢?通过前文了解到:越多的主动评论,越容易增加这条笔记的自然流量,让笔记获得更多的曝光,从而有利于引流更多的用户。

本小节就给大家介绍两个引导用户主动评论和私信的话术设计思路。

1. 制造话题带入或者点出利益带动评论

这种方式通常是结合笔记中的"钩子",在评论区进一步曝光。比如你在笔记中写明了要赠送某个软件或者图片。那么你在评论区可以写出:"还没有免费 Pr 安装包的小伙伴可以在笔记下方告诉我。"这样的话术,进一步加强用户的主动意识。

另外也可以在评论区发起一些活动或者口号来提升互动率,

就像有一些自律博主坚持早起，为带动用户评论，博主可以在评论区留言"如果你也想早起，记得在下方留下'早起'，一起开启自律人生"，也会引发很多用户主动评论。

2. 主动告知或者被动启发用户主动私信

引流动作中，用户主动私信是非常重要的，既可以降低引流的风险，也可以提升引流的效率，但是当用户主动评论以后，很有可能就不会再主动私信，因为每一次的主动行为对用户来讲都有成本，所以要通过评论区来引导用户主动私信。

这时候就要讲究引导话术，通常要使用谐音词来引导用户私信（如图 6-11 所示），比如将"私信我"变成"移步对话框"，这类描述方式需要在运营小红书的过程中不断积累。

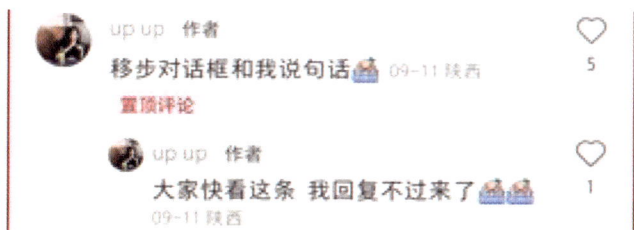

图 6-11　小红书评论区截图

小结

两个话术设计思路，让用户主动评论和私信，提升引流效率。

1. 制造话题带入或者点出利益带动评论。

2. 主动告知或者被动启发用户主动私信。

不论是引导评论还是引导用户私信，使用话术时，都要注意将敏感词替换为谐音词，降低引导风险。

6.2
素人引流实战 5 式：主动激活用户，新好友申请剧增

在秋叶小红书训练营中，经常听到学员问："小红书究竟应该怎么引流？"有一位学员刚开始运营两天就在社群里说："老师，我最近在尝试用小红书为线下店铺引流，但是我一共才发布了 5 篇笔记，就有 3 篇笔记被判定违规，账号注册一个星期就被封了。很多人都说小红书引流效果好，但是我为什么就觉得这么难呢？"

引流对博主或者商家来说，变现价值非常大，各种引流手段层出不穷，但是作为平台本身，是禁止恶意引流行为的。

因此，想要将用户引流到私域流量池，就要掌握安全引流的方法，否则被小红书判定为违规，对账号本身的流量会产生较大影响，严重的甚至会封号。在本节，会教大家 5 种引流方式，帮助博主或者商家尽量安全地实现引流。

6.2.1
"钩子"预埋式：巧妙曝光联系方式

第一个引流的办法就是通过账号信息进行引导。如果你是个人账号，可以将你的小红书号修改为微信号，并且通过账号简介隐晦引导的方式，让用户主动通过你的小红书号添加你的微信，如图 6-12 所示。长按小红书号即可进行复制。

同时，在个人简介处也会看到一些博主留下邮箱信息，这个动作是为了方便广告主联系自己。但是规则较为严厉的时候，此行为

仍然有违规风险，因此建议新手博主不要在个人简介处留自己的邮箱信息。

图 6-12 小红书主页小红书号展示

当博主在其他平台注册的账号名称和小红书账号昵称一样时，也可以像图 6-13 中的案例一样，在个人简介处注明"全平台同名"，这样用户在其他平台通过搜索小红书昵称也能找到该账号，如此就可以很好地实现多平台跳转引流。

图 6-13 小红书博主简介截图

如果是企业账号，可以通过在主页添加线下门店的方式，展示自己的店铺地址和联系方式，如图 6-14 所示。

图 6-14　小红书企业号主页截图

6.2.2
私信引导式：用户一对一沟通

引流的第二个常规方式就是通过一对一私信来完成。这种方式相对比较安全，因为平台不会限制用户和博主之间的正常沟通，但是在私信时仍然有部分注意事项。

①被动回复别人的私信是相对安全的。

试想一个博主如果不断主动联系自己的粉丝，对平台来说这就是非常明显的营销行为，所以要多引导用户主动私信。可以在评论区、正文内容中引导用户主动私信，如图 6-15 所示。

②私信时，尽量模拟真实的对话场景。

真实的对话就是你和用户有来有往，因此在私信引流的时候，可以和用户多聊几句后，再留联系方式，可以相对减少风险。一般建议拆成三句话来沟通，遵循引导私信话术原则，把所有可能敏感的词汇都用谐音词或者符号表情替代，如图6-16所示。

图6-15　小红书账号评论区截图

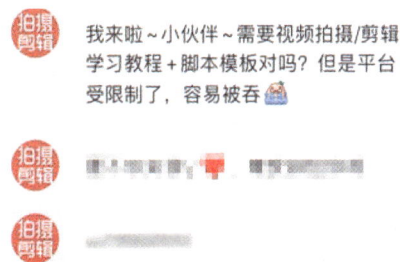

图6-16　小红书私信页面话术示例

③可以引导对方留下联系方式。

引导对方留联系方式时，不论是自己还是对方，都不要明确使用微信二字，也不要发送外站链接，如百度网盘链接等。

如果私信人数较多，一定要记得频繁更换引流话术，比如 15
人一换，也可以图片、文字换着发，降低每类话术的频率，以免被
平台识别为违规。

6.2.3
小号配合式：违规风险最小化

在私信时，不论多小心都会有违规的风险，因此对主运营账号
来说，要降低风险，就不能在日常做太频繁的引流动作。那如何稳
定地引流呢？可以通过建立小号来配合大号引流，即注册一个小红
书账号专做引流工作。

小号的置顶笔记，可以直接发布带引流信息的内容。大号可以
把这条笔记放进收藏夹引导用户来看，但是也不要直接放微信等关
键词，可采用谐音词或符号表情代替。

大号尽量在评论区曝光小号，小号也可以主动到大号发布的内
容下评论，同时小号可以用于群聊、私信、简介引流，如图 6-17
所示。

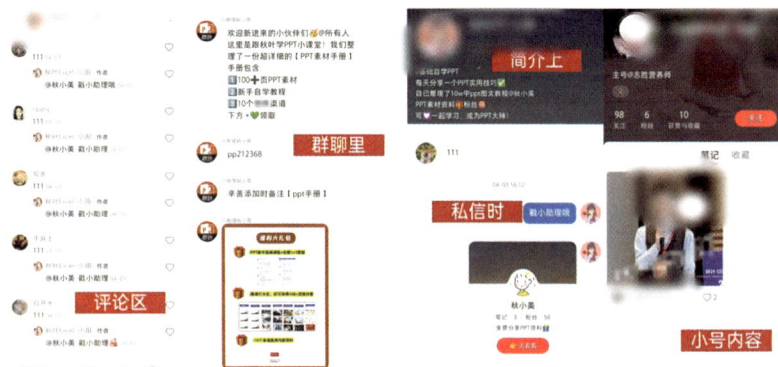

图 6-17　小红书小号在引流中的作用

6.2.4
群聊运营式：建立用户强黏性

群聊引流是一种非常高效的引流方式，如图 6-18 所示，每个小红书博主都有群聊功能，每个群可以容纳 500 人，在小红书群中引流，等于是一对多的信息传达，比一对一的私信引流方式效率更高，同时可以将群聊展示在主页，方便粉丝入群。

博主建立小红书群聊后，在发布每篇小红书笔记内容时，都可以挂上群聊链接，通过内容引导用户入群，提高了引流的效率，如图 6-19 所示。

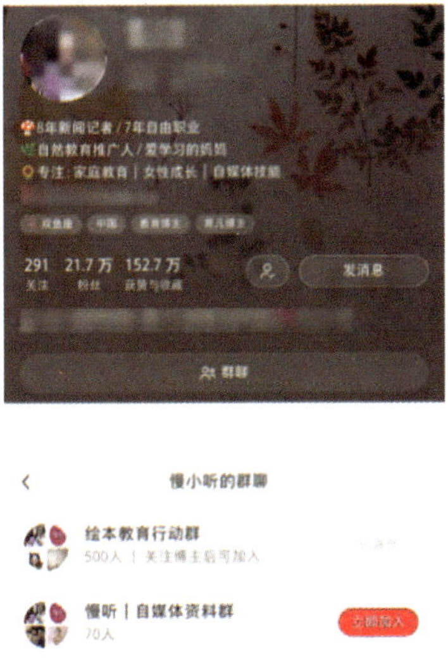

图 6-18　小红书群聊截图

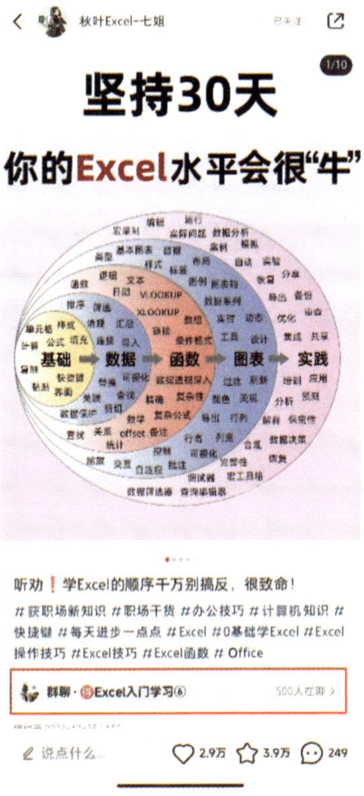

图 6-19　小红书笔记挂群聊链接截图

在群内引流时，由于人多眼杂，尽量用小号来发布引流信息。群聊内的引流话术注意事项和一对一私信引流话术的注意事项一致。

6.2.5
店铺"种草"式：联系用户更合规

前面四种引流方式，其实都是在小红书规则之外的一些方法，并不受小红书的保护，因此都具有一定的风险，如果你想采用更安全的引流方式，那么通过店铺获取用户的联系方式是一个很好的选择。

通过店铺获取用户联系方式，即博主在小红书开设店铺，通过店铺售卖产品获得用户的联系方式，如图 6-20 所示。开店后账号主页会显示你的产品，用户下单后，你在商家后台即可看到用户的联系方式。

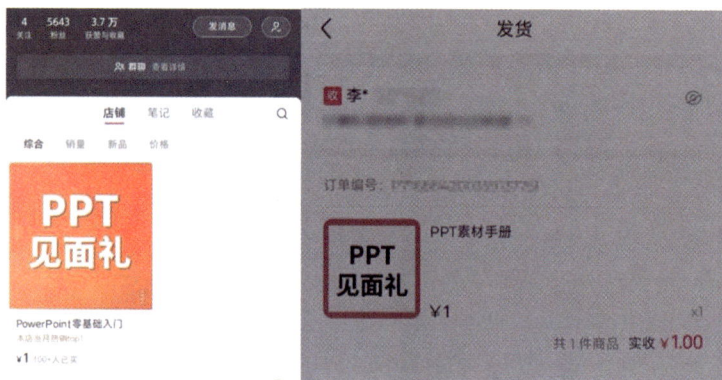

图6-20　小红书商品售卖页面

因为小红书店铺功能属于小红书官方功能，同时，用户在店铺下单，是正常的商业行为，你与用户联系也是正当的行为。通过在店铺后台与用户沟通的过程中留下联系方式，引导用户加微信也更加安全，如图 6-21 所示，但是引导话术仍然不能过于直接，还是要多用谐音词、符号表情等来替代敏感词。

图6-21 小红书店铺后台私信用户截图

小结

小红书引流变现是有产品的博主和商家必须掌握的变现手段。但是引流有风险，过程需谨慎，用以下5种引流方式，实现更安全的引流。

1. "钩子"预埋式，通过账号简介和修改小红书号巧妙曝光联系方式。

2. 私信引导式，引导用户主动一对一沟通，留下联系方式。

3. 小号配合式，用大号和小号配合的方式，将违规风险最小化。

4. 群聊运营式，通过小红书群聊建立用户强黏性，更高效地引流。

5. 店铺"种草"式，在小红书开店引导用户下单，联系用户更合规。

最后请记住，小红书规则实时变化，当前有效的引流方式不一定会永久有效，仍然需要根据具体情况灵活变通话术和引流手段。

6.3

引流 3 要 3 不要：新人博主，降低引流风险

6.3.1

引流 3 要：持续低风险引流的 3 大要点

前面我们学到了引流的技巧和方法，但是从平台的角度是不允许私下引流的，因此没有任何的引流方法是完全没有风险的，我们需要不断地优化自己的引流动作，在尽量符合平台规则的基础上引流，降低风险。

本小节就给大家分享 3 个持续低风险引流的要点。

①多引导用户主动私信。

在引流动作当中，被动回复用户的私信是相对安全的，因为当用户主动私信博主时，这是一个正常的交流行为，但是反过来，如果一个博主每天主动联系用户，平台就会判定为营销行为，甚至直接监测为引流行为。平台设置一个账号每天主动私信用户的数量不能超过 20 个，其实就是为了防止博主的恶意引流行为。

②要控制每天的用户私信量。

如果一天主动私信的用户过多，也并不是好事情，任何动作或者话术太过频繁都会容易引发系统的监测，所以我们也要适度回复每日的私信，注意多更换引流的话术，比如给这 15 个人发图片信息，给另外 15 个人发文字信息，交替进行，同时多准备几个不同的话术，分时间段回复用户，从而降低风险。

③要持续迭代引流方式。

小红书是禁止引流行为的，因此任何的引流方式都不会永久有

效，一定要根据平台规则实时变化，多种引流方式组合使用。这里推荐关注小红书的官方账号——薯管家，它会定期公布引流违规的用户，让我们能及时调整自己的引流动作。

6.3.2
引流 3 不要：规避高风险限流的 3 大注意事项

在引流中有持续要做的事情，当然也有一定不要做的事情。有一些行为是非常容易触发小红书的审核机制的，一旦发现违规，账号就会被限流。以下 3 种行为，是在引流中一定不要去做的。

①不要使用敏感词。

不论是笔记内容，还是评论区，都不可以使用敏感词，即广告法明确指出的限制词。可以搜索广告法了解细则，下面列举了一些常见的违禁词。

外站引流敏感词如下。

微信号、手机号、京东、淘宝、天猫、京东、境外等。

利益诱导敏感词如下。

点赞送礼、返利返现、点击领取、下载注册、链接、转发抽奖等。

广告法极限词如下。

与"级""顶 / 鼎""领"有关的词汇，包括但不限于：极致、极品、极佳、终极、极致、国际级、世界级、全球级、千万级、特级、宇宙级、顶尖、顶级、问鼎、顶级、TOP 级、顶配、遥遥领先、领袖品牌、世界领先、领袖、领导品牌、引领等。

与"第一 /1""首"有关的词汇，包括但不限于：NO.1、TOP/TOP.1、全国第一、全网第一、销量第一、首个、首选、首款、全国首家、全国首发、首次、首屈一指等。

其他绝对化用语：笔记中不能使用以下词语对商品进行绝对化

宣传，如销冠、开创、完美、100% 有效、万能、性价比之王、永久、独家、王牌、×× 之王、特供、老字号、独创、无可替代、仅此一次、MVP、×× 领域天花板 / 天花顶、鼻祖等。

②不要发布外站链接或二维码。

不仅要避开敏感词，外站的链接或者二维码也不可以在小红书中使用，比如百度网盘链接、微信二维码、京东二维码、淘宝链接等。这些非常容易被检测到的链接或者二维码，一旦被发现，对账号的流量会造成重大影响。

③不要过度营销。

在引流时，尤其是撰写引流内容时，要注意内容的尺度，不要过度承诺或者过度营销、不要给平台或者用户留下恶意营销、低质的印象，这样会引起平台和用户的反感，甚至导致用户投诉。一旦用户投诉，大多数情况都会被平台处置，对账号造成影响。持续输出有价值的内容，仍然是实现引流的前提。

小结

小红书引流有风险，要尽量规避风险、安全地引流，应争取做到以下 6 点。

1. 3 个持续低风险引流的要点

①多引导用户主动私信。

②要控制每天的用户私信量。

③要持续迭代引流方式。

2. 3 个一定不要做的行为

①不要使用敏感词。

②不要发布外站链接或二维码。

③不要过度营销。

第七章

持续变现:

素人博主 8 大变现方式

7.1

小红书 0~1 000 粉，打通商业化路径

很多小伙伴刚入驻小红书，就迫切希望找到适合自己的变现方式。别急，无论你的粉丝数是多少，你都有机会通过小红书变现。

一站式开店、和品牌方高效沟通敲定合作、跳槽小红书运营岗等，都是千粉以下博主的变现方式。

7.1.1

0 粉就开店：一站式开店全解读

小红书开店红利，你抓住了吗？

健康养生赛道学员，精准吸引粉丝，店铺一天成交 12 单；儿童游学赛道学员，在小红书开店，一单直接成交 2 550 元；减肥瘦身赛道学员，一个产品多号售卖，卖货效率直接翻倍……太多类似情况，让我们意识到，对于有产品的学员，小红书开店功能宛如业绩放大器，既扩大了销售渠道，还能用小红书笔记，反复给自家产品打广告。

如今，小红书电商更是"下血本"，个人博主可以 0 成本开薯店。

你以为的小红书开店：

- 纯普通人一个，肯定要有营业执照才能开店！
- 新手是不是不能做，粉丝肯定有要求，得好几万个粉丝吧？
- 开店会不会很贵？要交多少钱？

实际上的小红书开店：

- 你有身份证吧？上传就能开店。
- 无粉丝数量门槛，0 粉就能开店。

- 开店不要钱，卖货才收费。

1. 个人新商家开店福利

1）免收入驻费：仅需支付店铺保证金，1 000 元起步，关店（个人店、个体店）可退还。

2）给流量扶持：开店入驻 30 天，可参加商品笔记新手任务，每月最高 12 000 次流量曝光。

3）工具免费试用：90 天内免费试用小红书商家经营工具。

4）给课程、给培训：提供小红书商家课堂，帮你顺利入驻小红书。

5）找达人 0 门槛：直接进官方平台，与小红书博主合作。

2. 个人店铺开店流程

常规开店入口：在小红书手机端，点击【我】—左上角三条杠—【创作中心】—【更多服务】—【开通店铺】—【立即开店享权益】—【个人店】，并勾选【入驻前请阅读《小红书商家服务协议》】，点击【下一步】，在打开的页面中点击【已准备，继续入驻】，在打开的页面填写主体资源、店铺信息等，提交开店申请。

快速开店入口：在小红书搜索“开店”，点击置顶开店链接。

部分可售类目如图 7-1 所示。

< 规则列表 / 规则详情　　查看历史版本

小红书经营大类一览表

本规则于2024-04-01发布并生效

本规则于2019年3月26日首次公示，于2024年2月29日修订并生效。

一级类目	二级类目	三级类目	个人店	个体工商户	普通企业店/专营店	专卖店/旗舰店/官方旗舰店/卖场型旗舰店
3C数码	3C数码家电服务	软件服务	—	√	√	√
3C数码	3C数码家电服务	延保服务	—	√	√	√
3C数码	DIY电脑	DIY笔记本	—	√	√	√
3C数码	DIY电脑	DIY兼容机	—	√	√	√
3C数码	DIY电脑	DIY一体机	—	√	√	√
3C数码	办公电子用品	3D打印机及配件	—	√	√	√
3C数码	办公电子用品	办公设备配件及相关服务	—	√	√	√
3C数码	办公电子用品	包装设备/标牌及耗材	—	√	√	√
3C数码	办公电子用品	磁盘刻录存储类	—	√	√	√
3C数码	办公电子用品	打印机	—	√	√	√
3C数码	办公电子用品	打印机配件	—	√	√	√
3C数码	办公电子用品	电子办公/学习设备	—	√	√	√
3C数码	办公电子用品	多功能一体机及配件	—	√	√	√
3C数码	办公电子用品	复合复印机	—	√	√	√
3C数码	办公电子用品	会议音频视频	—	√	√	√
3C数码	办公电子用品	激光打印设备	—	√	√	√
3C数码	办公电子用品	胶卷	—	√	√	√
3C数码	办公电子用品	接线板	—	√	√	√
3C数码	办公电子用品	录音笔	—	√	√	√

图 7-1　小红书可售类目部分截图

3. 个人店商品上架流程

商品发布入口如下。

手机端：下载小红书商家版 App，点击首页【发布商品】，选择商品类目，填写商品信息（含商品标题、主图、类目、售价、库存等，标注红色☆号的为必填项），点击【提交】。

PC端：登录小红书商家管理后台，点击【商品】—【商品管理】—【发布商品】，选择商品品类，填写商品信息，点击【提交】。

商品选品建议如下。

①盘点商品资源。

优先选择和自己账号赛道匹配的商品，保持粉丝喜好的一致性。例如男生穿搭账号，优选男装品类。

②优选自家"爆款"。

"爆款"本质是相同的。如果在其他电商平台店铺售出的商品，用户反馈和销售数据较好，可复用详情页、文案、商品图和发货模式。

③优选同行"爆款"。

搜索商品关键词，查找高赞笔记，搜集热门款式和销量数据，无选品依据时，优先参考平台"爆款"笔记中销售的商品。

4. 开店平台费用

从 2024 年开始，在小红书开店，除了前面提及的**保证金**，一般还需要缴纳基础技术服务费和支付渠道技术服务费。

基础技术服务费：小红书对不同行业或商品类目分别设定了基础技术服务费费率，收取标准为 2%~5%。

支付渠道技术服务费：提供给第三方支付平台的费用，小红书需要为商家提供支付渠道，接入相关的技术服务，例如支付宝、微信等，因此部分商家需承担支付渠道技术服务费。依据 2024 年 3 月 1 日的小红书规则中心条例，跨境商品订单的支付渠道技术服务费费率为 0.7%。

5. 店铺商品曝光方式

①笔记"带货"：小红书账号发布笔记时，选择自家店铺商品，在笔记下方设置购买入口。

②直播"带货"：在小红书直播时，添加自家店铺商品，直接售卖。

小结

当你有产品：开店 = 放大业绩。

开店门槛：身份证、保证金等。

开店扶持：重点关注小红书商家课堂免费扶持培训及课程。

7.1.2

接品牌广告：掌握与甲方高效沟通法，快速敲定合作

想象一下，你每天兢兢业业制作小红书笔记，突然有一天，小红书后台弹出一条来自商家合作的邀请消息，明明应该开心，脑中却警铃大作，瞬间慌了神。咨询接广告建议如图 7-2 所示。

扫码观看讲解
视频

- 没接过广告，怎么办？
- 跟广告商怎么聊？
- 这广告，该不该接？

这时候，是不是特别盼望有个人能告诉你该怎么接广告，接广告过程中，又有哪些注意事项？别怕，我们把关键要点给你理一理，答案就在其中。

先明确一点：务必摆正心态，博主和广告商关系平等，不存在

谁强谁弱。

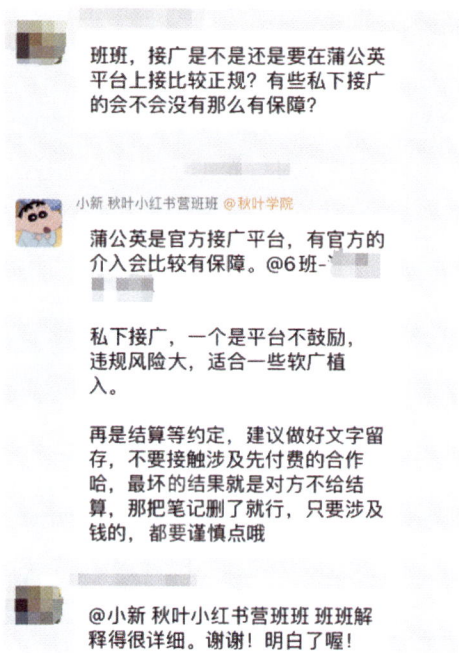

班班，接广是不是还是要在蒲公英平台上接比较正规？有些私下接广的会不会没有那么有保障？

小新 秋叶小红书营班班 @秋叶学院

蒲公英是官方接广平台，有官方的介入会比较有保障。@6班-

私下接广，一个是平台不鼓励，违规风险大，适合一些软广植入。

再是结算等约定，建议做好文字留存，不要接触涉及先付费的合作哈，最坏的结果就是对方不给结算，那把笔记删了就行，只要涉及钱的，都要谨慎点哦

@小新 秋叶小红书营班班 班班解释得很详细。谢谢！明白了喔！

图7-2 咨询接广告建议

博主希望变现，品牌方想要宣传和曝光，二者谁也离不开谁，双向选择而已，不要把姿态放得过低。有位学员刚开始非常害怕丢失接广告机会，有广告商找来了，什么疑惑也不敢问、什么要求也不敢提，被不正规的中介忽悠，结果发文后迟迟没法提现，才来求助，好在没有太过分的解约条例，及时止损。

那么，广告商主动私聊你，上门求合作，你重点该看什么？看广告沟通4大要点，如图7-3所示。

图7-3 广告沟通4大要点

1. 合作对接：弄清对方是准备走报备还是非报备

报备笔记，是指品牌方通过小红书下单给博主，博主完成合作发布的笔记，也称为商业笔记。这种笔记需要在小红书平台进行报备，才可以公开以广告或赞助形式发布内容。

非报备笔记，是指博主自行发布的营销类内容，通常是博主与商家私下达成合作，未经过小红书许可，直接在平台发布广告内容。

换句话理解：就是你接这个广告，小红书同没同意。

同意就是报备了，由小红书统一结款，商家和博主均会扣除10%的平台综合服务费；没同意，属于未报备，由商家直接转账，会省下平台综合服务费，但如果小红书发现笔记未按要求私下推广，会惩罚提醒，要求删除，甚至采取违规限流措施，博主也要谨防诈骗风险。

报备或非报备，风险不同，自然也可准备不同的报价体系。

2. 议价谈判：面对合作，报价多少合适

常规广告报价 = 小红书粉丝量 ×（5%~10%），例如：假如你有 10 000 个粉丝，可以以 500~1 000 元为基础参考范围。

不过，每个赛道需求、粉丝互动数据完全不同，具体报价也要因人而异，既然是参考，就证明有调整空间。

在精力允许的前提下，可给不同品牌方提供 1 次试单服务。

尤其是面对大品牌商家，一是给广告主留下好印象，二是以此作为接单练习，借机多了解不同商家要求、交付流程、流程卡点、实际精力投入情况等，为后续报价调整提供参考。

了解同行报价，摸透行情胜过赤手空拳上阵。

在小红书、百度查询同类服务的价格范围，看个人报价是否合理，给自己设置一个价格底线（可根据工作投入时长和自己的时薪换算，至少别亏）。

根据合作流程，挖掘议价空间。

- 图文还是视频？
- 文案是"硬广"还是软植入，原创笔记还是对方提供笔记内容？
- 视频、图片素材是否是现成的？
- 修改次数是多少次？
- 笔记发布后要保存多久？
- 是否限制接其他广告？
- 发布后，如出现"爆款"，是否可依据互动数据，提供额外奖励？
- 结算方式是怎样的？如何确保安全？
- 打款确认时间是何时？

尝试把接广告的每一步具象化，将服务的每一个动作都拆解成自己报价的依据来源，再与商家逐步沟通，扩展自己的谈判空间和余地，每一步的动作才能心中有数，每一次沟通才能游刃有余。

注意：所有谈判议价结果，推荐签协议，或用文字重新整理总结，获得对方书面确认，方便留存佐证。

另外，为你整理了小红书接广告的常用术语，如表 7-1 所示，方便你无障碍交流。

扫码观看讲解
视频

表 7-1　小红书接广告常用术语

术语	释义	术语	释义
报备笔记	官方广告订单	非报备笔记	非官方订单，私下接广告
PR	广告主 / 品牌方	bf/brief	产品说明
档期	发广告的时间	返点（百分比）	合作结束后，广告收益愿意按多少百分比返佣给 PR
直发 / 代发	广告主提供笔记内容，内容博主直接发布（易和他人重复，被判定违规可能性极大）	原创	博主根据广告主的要求创作笔记

术语	释义	术语	释义
置换	不给钱给产品	投流	花钱给你买流量
寄拍	样品寄给博主，拍完之后需要寄回	送拍	寄样品给博主，拍完送给博主
定制	按照对方要求创作	植入	在自己的日常笔记里面提及对应产品
排竞	确认合作相关产品后，在一定时间期限范围内，不接同类型产品推广	单推	只介绍合作产品，不介绍其他产品
保量	笔记阅读量有基础要求，如果不够，需自行买量	投流	花钱买数据。笔记的互动数据较好，或评论区对产品的关注度高，一般作为优质推广笔记，品牌方会持续投流

3. 审稿发布：注意细节，营造愉快的合作氛围

①提前给创作框架。

写原创笔记时，可以先给品牌方一个大致的思路框架，省得创作完笔记，品牌方一句"这不是我们想要的"，让努力白费。提前交流框架，才能少走弯路。

②务必自查，避免低级错误。

错别字、语句不通顺、产品信息错误、漏写核心卖点、写错品牌名 / 产品信息等低级错误一个都不能犯，这不是专业能力问题，而是态度问题。如果犯了这些低级错误，再想有深度合作，就很难了。

③严格遵守时间节点。

品牌方找博主，要么是有新品发布，要么近期是重点营销周期，要么市场部有新的推广任务。遵守时间节点，千万别拖拖拉拉，你的拖延可能直接让对接方计划"泡汤"，对品牌方不太友好。

利他便是利己。你为品牌方多想一分，未来品牌方有新广告需推广，也会优先考虑你。

4. 结算打款：流程及注意事项

①如果是报备广告笔记。

笔记发布后，品牌方有 7 天时间进行确认。如果 7 天内品牌方确认完成，或者 7 天后系统自动确认完成，则订单算作完成。完成的订单收益会在次月 10 日前发放到小红书钱包，到时候，就可以进行提现操作。提现地址：点击【我】—左上角三条杠—【钱包】—【提现】。

②如果是非报备广告笔记。

确认结款细节：正式发布广告笔记之前，务必确认好报酬金额、支付方式、支付时间等，以免后续出现不必要的纠纷。

因缺少平台监管，要保留证据：无论是合作协议、聊天记录、邮件往来还是款项转账记录，都应妥善保留。这些证据在出现纠纷时，将是非常重要的依据。

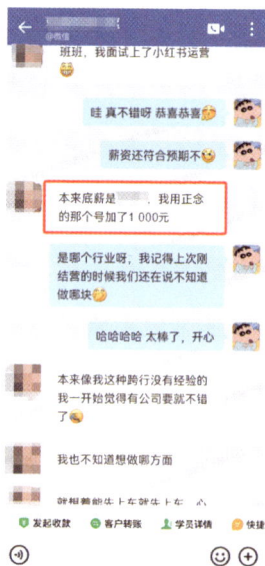

图 7-4　学员报喜

7.1.3

求职写简历：小红书运营岗简历包装，HR 抢着给 offer

"老师，我用运营小红书的知识去求职了，谈薪时，展示了我的小红书账号，虽然没时间更新，粉丝不到 500 个，但因为内容思路不错，对方直接提薪了 1 000 元！"

学员因成功应聘小红书运营，赶来报喜，如图 7-4 所示。

随着小红书的火爆，越来越多的品牌入驻小红书，寻求获客机会，而小红书运营岗位的需求也逐渐增加，该岗位成为求职市场的热门岗位。

做小红书博主，除了日常自己更新做副业，应如何通过巧妙地包装简历，像图 7-4 的学员一样，将小红书运营技能放大变成一种职场优势，在众多竞争者中脱颖而出，赢得 HR 的青睐，成功获得心仪的 offer？

你想赢得 offer，就得了解公司设置小红书运营岗位的真实需求是什么。市面上的招聘需求如图 7-5 所示。

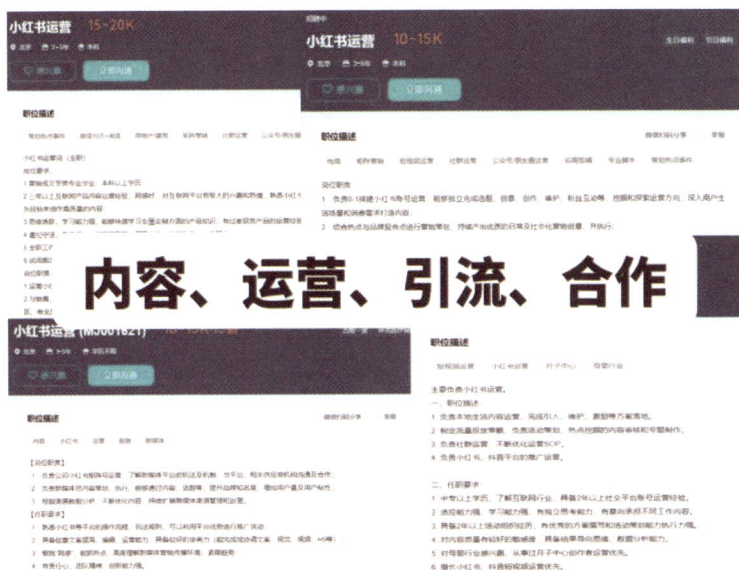

图 7-5　小红书运营岗位招聘需求

从公司角度而言，该岗位需要能产出对公司有价值的结果。

即要么扩大影响力：协助入驻小红书新平台，管理账号（如图 7-6所示）、增加品牌曝光渠道、结合公司业务了解小红书平台规则和用户玩法，挖掘用户需求，或寻找小红书合作伙伴。

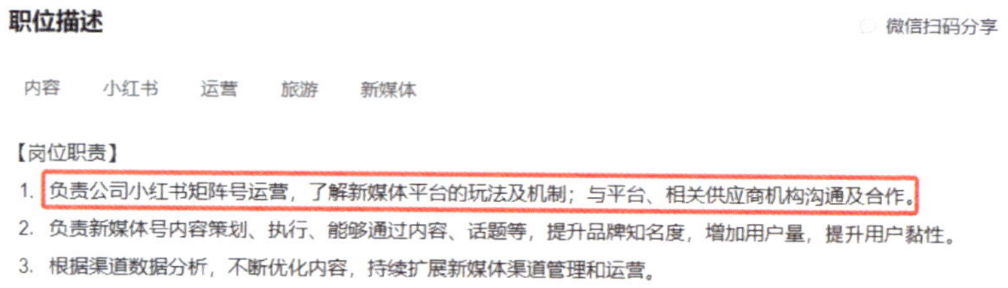
职位描述

微信扫码分享

内容　小红书　运营　旅游　新媒体

【岗位职责】

1. 负责公司小红书矩阵号运营，了解新媒体平台的玩法及机制；与平台、相关供应商机构沟通及合作。
2. 负责新媒体号内容策划、执行、能够通过内容、话题等，提升品牌知名度，增加用户量，提升用户黏性。
3. 根据渠道数据分析，不断优化内容，持续扩展新媒体渠道管理和运营。

图 7-6　招聘条件要求管理账号

要么助力冲业绩：做垂直内容，吸引有付费潜力的目标用户；留住高质量用户，提升用户活跃度和留存率；或通过小红书，宣传产品 / 业务，提升转化率，如图 7-7 所示。

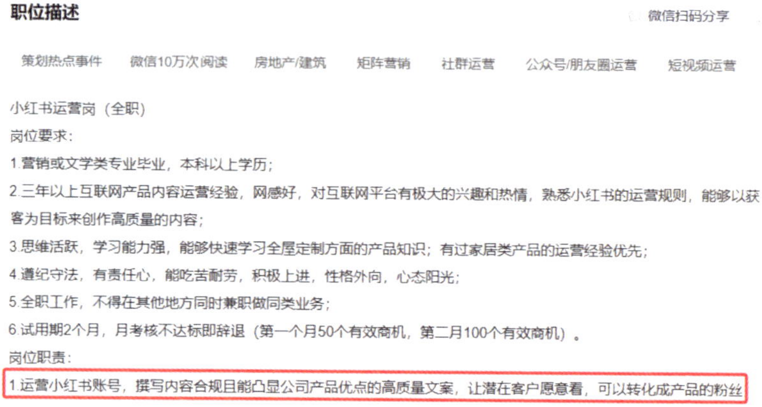
职位描述

微信扫码分享

策划热点事件　微信10万次阅读　房地产/建筑　矩阵营销　社群运营　公众号/朋友圈运营　短视频运营

小红书运营岗（全职）

岗位要求：

1.营销或文学类专业毕业，本科以上学历；

2.三年以上互联网产品内容运营经验，网感好，对互联网平台有极大的兴趣和热情，熟悉小红书的运营规则，能够以获客为目标来创作高质量的内容；

3.思维活跃，学习能力强，能够快速学习全屋定制方面的产品知识；有过家居类产品的运营经验优先；

4.遵纪守法，有责任心，能吃苦耐劳，积极上进，性格外向，心态阳光；

5.全职工作，不得在其他地方同时兼职做同类业务；

6.试用期2个月，月考核不达标即辞退（第一个月50个有效商机，第二月100个有效商机）。

岗位职责：

1.运营小红书账号，撰写内容合规且能凸显公司产品优点的高质量文案，让潜在客户愿意看，可以转化成产品的粉丝

图 7-7　招聘条件要求引流“带货”

所以，当你应聘小红书运营岗位时，简历应结合个人的经验、成绩，重点突出和强调以下 3 点。

负责项目：有哪些跟小红书运营或新媒体运营相关的经历或工作经验。

实干细节：具体负责什么，做了哪些事情。

产出结果：产出了哪些结果，有没有量化、数字化的展示，让面试官直观地看到做出的贡献和实现的价值。

简历包装要点如下。

1. 当你想强调账号运营经验时

原描述：负责某公司的小红书账号内容发布和管理，产出过多个"爆款"。

优化描述如下。

负责项目： 在小红书上，我成功管理了【数字】个【行业】的账号，分别是【账号名】【账号名】等。

实干细节： 通过定期更新优质内容，曝光量／互动量／粉丝数由原来的【数字】增加至【数字】，提升了前公司【品牌名】／【产品名】在小红书的市场曝光率。

产出结果： 目前前公司【产品名】在小红书的浏览量已高达【数字】，后续会利用经验，给【应聘公司名】的产品扩大影响力。

2. 当你想表达为前公司业绩做了贡献时

原描述：通过小红书，成功引流获客，并促进成交。

优化描述如下。

负责项目： 在我任职期间，通过小红书对产品进行推广和销售。

实干细节： 在【某年某月某日】，由我主导策划并执行【主题名】推广活动，包括撰写广告方案、确定宣传图和视频创意、监控和分析活动数据等。

产出结果： 通过本次活动和团队的推动，总计吸引了【数字】名潜在用户的关注和参与，并成功引流【数字】人，最终成交【数字】单，销售额高达【数字】元，转化率较同期增长了【数字】%。

3. 当你想表达自己拥有丰富的投放经验时

原描述：负责前公司的小红书投放工作，每月投放预算 100 万余元。

优化描述如下。

负责项目： 在我任职期间，负责前公司在小红书的广告投放项目，涵盖了【行业领域】【行业领域】等多个领域。

实干细节： 每月负责制订广告投放计划和预算安排，包括广告创意策划、定向投放设置、投放时间安排等方面。

产出结果： 通过精准的广告投放策略和不断优化的投放效果，成功吸引了至少【数字】位目标受众的关注和点击，为前公司带来了可观的用户流量和转化效果。具体数据表现如下。

每月广告点击量达到【数字】次，较去年同期增长【数字】%。

平均每笔广告投放产生的转化率为【数字】%，高于行业平均水平【数字】个百分点。

广告投放带来的新增注册用户数达到【数字】个，其中【数字】%来自小红书广告投放渠道。

按照这 3 大参考话术包装完自己，找工作写简历，是不是有方向了？

除了包装简历，如果还希望在面试环节加分，可以借力 AI，让自己投简历、约面试，都做好准备，上阵不慌。

AI 提问案例

请你作为我的面试官，帮我进行【小红书运营岗位】的模拟面试，按照公司招聘需求，以对话的口吻，列举 20 个小红书运营经验和能力的考察问题，并基于我的回答，给予我反馈和建议。

7.2
小红书千粉以上，扩大商业化规模

恭喜你，经过努力，终于跨入了小红书千粉的门槛！这意味着你已具备了抓住小红书用户的目光，并持续提供优质内容的运营能力，是时候将这种能力转化为实实在在的收益了。

本节主要介绍千粉以上博主的变现模式。

7.2.1
蒲公英入驻：拥抱官方接广告平台，持续变现

当你严格遵守本书介绍的方法，进行优质内容的更新和打磨，并成功实现"涨粉"后，请务必及时开通小红书蒲公英功能，感受用笔记获得收入的快乐。

1. 蒲公英是什么

蒲公英是小红书专门为商家和优质素人博主搭建的商业内容创

作合作平台。

简单点说，蒲公英就是经过小红书许可，商家能招募博主输出笔记，优质博主可以接单变现的平台。

2. 蒲公英对小红书个人博主有什么用

给你接广告的商业机会。博主可以接受品牌的合作邀请，协助宣传品牌产品或服务，从而获取收益。

让你的账号被更多人看见。加入蒲公英后，平台会推荐你的优质笔记，使更多品牌和用户注意到你的创作能力，进而提升你在小红书上的影响力和知名度。

3. 蒲公英怎么开通

小红书为了扶持优质博主在平台变现也是费尽了心思。过往必须达到 5 000 个粉丝，博主才能开通接广告权限。现在，开通接广告权限仅需以下步骤。

①实名认证。

首先，确保自己的账号已完成实名认证（开通专业号、上传身份证、年龄 ≥ 18 岁），以确保合作的合法性。

②满足条件。

确保粉丝数量达到 1 000 个，并保持账号正常，没有违规行为。

③申请开通。

达到千粉后，会收到蒲公英小助手邀约消息提醒，点击就能开通。

专业号开通地址：手机登录小红书 App，点击【我】—左上角三条杠—【创作中心】—【更多服务】—【开通专业号】，打开专业号申请页面。专业号身份分为个人和企业，个人身份具备品牌营销合作资质，选择个人身份，申请开通内容合作，按流程操作即可。

4. 蒲公英和品牌方进行合作的方式

①定制合作。

品牌方会主动对符合条件的博主进行点对点合作邀约，如图 7-8 所示，并在小红书上进行消息通知，博主决定是否接受，合作价格即为博主的蒲公英报价。

②招募合作。

小红书蒲公英合作广场会展示近期不同品牌发出的博主招募信息，你可以自行挑选报名。

报名时需要填写自我介绍、报价、合作优势（例如：能写原创稿、和品牌粉丝人群契合等）、合作构思（即多展示你对产品或品牌的卖点挖掘能力）。商家会提供合作价格范围，你报名通过筛选后，和商家具体协商沟通。

邀约详情	
合作产品	
合作金额	¥300.00 一口价
	你目前的图文笔记报价为 300.00 元
合作类型	图文笔记
期望发布时间	2024-04-01 至 2024-04-30
发起邀约时间	2024-04-12
回复邀约时间	2024-04-12
需求介绍	邀请博主来店里探店打卡哦~ 我们有三层楼，3楼为油画走廊与影棚，两侧摆放...

发私信　　📱微信联系

图 7-8　合作邀约截图

③新芽合作。

新芽合作以流量助推为主，博主可以主动报名合作，报酬方式包括固定金额 + 流量扶持奖励 + 产品赠送（你的笔记如果较为优质，品牌方会主动花钱给你投放笔记，为你的账号增加曝光），品牌方寄送样品后即可发布合作笔记。

④共创合作。

共创合作方式下，不只有发笔记的基本工资，还会结合你笔记的效果进行结算，报酬方式：固定金额 + 奖金提成 + 产品赠送。共创合作对博主的选题和内容原创能力要求较高。

5. 在蒲公英接广告后，怎么提现

打开小红书 App，点击【我】—左上角三条杠—【合作中心】—【我的合作收益】—【提现】。

注意：收益在扣除 10% 的综合服务费后才是你最终实际到手的金额。

6. 怎样的博主，会更受蒲公英品牌方喜欢

①笔记互动数据好。

笔记的互动数据要真实。品牌方在投放前，会利用数据平台对博主账号情况进行考核和评估。不要刷点赞和收藏、不要刷关注。内行人一眼就能看破你的互动是有效数据，还是虚假繁荣，不要做无用功，给自己账号招来不匹配的用户。

②内容有个人特色且优质。

打磨好日常内容，选题验证、标题包装、封面制作、内容提供价值，每个细节尽量体现真实人设、真实场景，你的优势才更突出。

③有多个平台账号支持。

沟通时，如果自己在其他新媒体平台也有账号，可以同步说明，作为提高报价的筹码。

小结

在小红书上想安全接广告，上蒲公英。

4 大蒲公英接广告模式：定制合作、招募合作、新芽合作、共创合作。

7.2.2

无货源"带货"：笔记"带货"赚佣金的 4 个步骤

获得 1 000 个粉丝后，你不要只是在小红书发图、说感悟，请用上买手合作的选品功能，用笔记卖货，赚取佣金。

1. 小红书买手时代，无货源也能选品

选品是什么？即别人给产品，你用笔记挂链接赚佣金，卖多少，赚多少。不需要你开店发货，不需要你管售后问题，货源不用发愁，小红书直接给你解决。

合作商品：与在小红书上有开店权限的商家合作，获取定向分销权限。

自选商品：在小红书的选品中心自行挑选优质商品进行推广。

操作路径：打开小红书，点击【我】—左上角三条杠—【创作中心】—【更多服务】—【买手合作】。

2. 精挑细选，找到那些对的产品

作为一个小红书博主，你要基于你账号的过往数据，去了解你的粉丝是谁，日常喜欢看什么。基于用户喜好的选题去挑选适合植入的产品。

如果你是美妆博主，护肤品、化妆品一定比汽修配件植入更自然。

如果你是健身博主，杠铃、蛋白粉、健身器材比拼图玩具更符合目标用户的需要。

如果你是母婴博主，孩子要用的东西会比白酒更易出单。

卖货也一样，尽量避免逆着用户的需求，去卖跟账号毫不搭边的产品。

3. 想卖货，写契合目标用户的卖货笔记

"带货"，挑选合适的商品很重要；让你的笔记成为高级销售员，

用文案说服用户产生下单欲望。怎么做？卖货笔记四边形写作法如图 7-9 所示。

图 7-9　卖货笔记四边形写作法

需求点。先了解你的粉丝是谁，最关心什么问题。例如美妆博主的粉丝最在意的问题：零基础人士如何学会有效化妆。

产品点。根据需求点，选择能解决对应问题的产品。例如：新手化妆必备 5 件套。

内容点。详细呈现产品的特点和优势，并展示使用的步骤、过程和效果。例如：用好这 5 件化妆工具，画出完美妆容。

下单点。提示或说明入手方式，呼吁用户采取行动。不然你写得再好，用户也不知道去哪儿买。例如：戳下方链接即可购买。

接下来，就能结合以上技巧，完善你提供给 AI 的产品信息和提示词要求啦。

如果前文的"种草"文案 AI 提示词你还是嫌麻烦，那给你一个零基础拿来就用的极简版提示词：撰写一篇卖货笔记，问题（请输入需求/问题）；产品（请输入产品名称）；使用（输入使用方法）；购买（请输入下单方式）。

以遮瑕膏为例，用 AI 生成的初稿如图 7-10 所示。

需求点、产品点、内容点给得越多，AI 给你写得越丰富，如图 7-11 所示，增加了一个新的内容点后，AI 生成的笔记细节更加饱满。

撰写一篇卖货笔记

问题：脸上痘痘多
产品：遮瑕膏
使用：轻轻一点，痘痘完全遮住看不见，妆容很干净
购买：私信我即可购买

卖货笔记：遮瑕膏，让你告别痘痘困扰，焕发自信光彩！

亲爱的朋友们，你是否因为脸上的痘痘而烦恼不已？想要快速遮盖痘痘，展现无瑕肌肤吗？那就来试试我们这款神奇的遮瑕膏吧！

这款遮瑕膏采用了独特的配方和优质原料，能够轻松遮盖脸上的痘痘，让你的肌肤瞬间变得光滑细腻。只需轻轻一点，痘痘就会完全消失不见，让你的妆容更加干净、自然。

不仅如此，这款遮瑕膏还具有轻盈的质地和易于推开的特性，不会给肌肤带来负担。它能够完美与肌肤融合，让你在遮盖痘痘的同时，保持肌肤的透气性和舒适感。

如果你也深受痘痘困扰，想要快速遮盖痘痘，展现自信光彩，那就不要犹豫了！快来购买我们的遮瑕膏吧！只需私信我，即可轻松下单购买。

让我们一起告别痘痘的困扰，焕发自信光彩！期待你的加入！

图 7-10　AI 生成卖货笔记

撰写一篇卖货笔记：

问题：脸上痘痘多
产品：遮瑕膏
使用：轻轻一点，痘痘完全遮住看不见，妆容很干净；植物萃取，不会对皮肤造成刺激
购买：私信我即可购买

卖货笔记：遮瑕膏，植物萃取，轻松告别痘痘困扰！

亲爱的朋友们，你是否因为脸上的痘痘而烦恼？想要一个既能遮盖痘痘，又不会刺激皮肤的解决方案吗？那么，这款遮瑕膏绝对是你的不二之选！

这款遮瑕膏采用了独特的植物萃取配方，不含任何刺激性成分，能够温和地遮盖痘痘，同时呵护你的肌肤。只需轻轻一点，痘痘就会完全看不见，让你的妆容更加干净、无瑕。

值得一提的是，这款遮瑕膏还具有出色的遮盖力和持久性。它能够长时间保持妆容的完美状态，不易脱妆，让你在一天中都保持自信的光彩。

无论你是什么样的痘痘肌，这款遮瑕膏都能满足你的需求。它不仅能够完美遮盖痘痘，还能让你的肌肤看起来更加自然、健康。

如果你也想要告别痘痘的困扰，展现自信无瑕的肌肤，那就不要犹豫了！快来私信我吧，这款遮瑕膏正等待着与你相遇，带给你前所未有的肌肤体验。

期待你的加入，让我们一起用遮瑕膏点亮自信的光芒！

图 7-11　丰富细节后 AI 生成的新笔记

4. 完成小红书笔记挂链接步骤

要将笔记与商品链接关联起来，需要完成两个核心步骤。

①挑选商品。

点击【我】—左上角三条杠—【合作中心】。

在合作中心内，点击【商品合作】。

在搜索框中输入你想要推广的商品名称。

浏览并选择价格和佣金都符合你要求的商品，点击【选品】—【确认选品】。

经过上述步骤，成功选定想要推广的商品。

②将笔记与商品关联。

在编辑好笔记并准备发布之前，点击【关联商品】。

选择【商品合作】，并点击【去关联】。

从商品列表中选择你想要关联的商品，点击【添加】。

完成以上步骤后，你发布的笔记就会带有商品链接了。

小结

---

4 步搞定无产品"带货"。

第一步：小红书买手时代，无货源也能选品。

第二步：精挑细选，找到那些对的产品。

第三步：想卖货，写契合目标用户的卖货笔记。

第四步：完成小红书笔记挂链接步骤。

7.2.3

直播间销售：直播"带货"，6 大玩法，建立信任感

不敢出镜没话说？新人上手很发愁？

小红书直播没流量，担心账号有问题？

很多小伙伴直播"带货"没几天，就为数据急得不得了，怀疑平台、怀疑账号、怀疑自己，关键还天天打击自己的自信心。直播是个长期战，要熬时长、熬技巧、熬话术，不要过多纠结于颜值或运气，你缺的只是技巧和时间。别慌，给你6个小红书直播"带货"玩法，让你顺利开播练习，稳稳当当"带货"。

1. 拆解同行话术，了解直播节奏

就好比你得拿着放大镜，细细观察对手，别被他们花里胡哨的表象给迷惑了。你要学会拆解，看看每一个动作，听听他们的每一个词语。

具体点说，你得多观察行业里的直播"大咖"们是怎么做的。

观察直播设置：视觉是抓住用户目光的第一步，背景图、直播间场景布置，都能参考。

观察开场白：直播能不能留住人，就看开播3~5分钟，主播说了什么，记录下对方的开场白，分析其传递了哪些核心信息。

观察内容结构：观察整个直播主要包含哪几个板块的内容；每个板块大约用时多少；产品介绍在哪个环节出现，是如何衔接的；从哪些角度介绍产品。

观察互动情况：和用户的互动数据是增加直播间热度的关键。看看对手直播期间设计了哪些互动环节，比如抽奖、答题、提问等，怎么设计的，是如何用话术引导用户参与的，用户的反馈如何，哪一个环节互动人数多。

看完后，才知道自己做直播时，可以从哪些方面开始准备。

2. 选择自家"爆款"产品，挖掘产品卖点

永远相信一句话："爆款"，哪怕换个时间、换个平台、换个地点，依然具备成为"爆款"的潜质。

你在其他电商平台卖得好的产品，别犹豫，复制到小红书，作为优先选品。那应该如何介绍自家"爆款"产品？

①专业佐证，胜过形容词堆砌。

用户在面对令人眼花缭乱的直播时，反而会感到困惑和犹豫：个个都说好，凭什么选择你呢？

这时候，可以尝试结合产品的关键信息，例如产品测试数据报告、认证证书、权威机构证明、专业人士测评证言，拿事实说话，就可信得多。

②场景重现，比纯靠嘴劝更动人。

别光是对着镜头说，可以借助一些小道具或者背景布置，让产品更生动、更具吸引力。比如，如果是做厨具直播，可以现场示范烹饪美食；直播卖口红等化妆品，可以现场给模特儿化妆，展示产品的实际使用效果。

③展示真实体验，比自卖自夸更真实。

实在没条件现场演示的，至少体现一下用户的真实体验，比如可以播放用户的使用视频、滚动展示用户的评价，甚至直接邀请购买并使用过产品的用户进行视频连线，分享自己的使用感受，哪怕同一句话，销售人员和用户说出来，给人的感受是不同的。

3. 罗列直播大纲，直播介绍不慌

直播前，一定要做足功课，准备一个详细的直播大纲是必不可少的。比如，你可以规划好每个时间段要介绍的产品，每个产品的亮点怎么讲、互动环节怎么安排，以免直播时手忙脚乱。

4. 预告预热攒人气，直播浏览不着急

直播前的预热也很关键。建议你在小红书上发笔记，提前透露一些直播的亮点，比如"直播的主题解决什么问题"，或者"会给粉丝什么样的福利"，这样能激发粉丝的好奇心和期待感。至少保

证，提前有人知晓你的直播活动，能来捧场，毕竟你也不希望播了半天，一两个看直播的真实用户都没有吧。

5. 花式福利留用户，信任打足再卖品

干巴巴地卖货、卖产品，很难留住用户。怎么留住他们呢？你可以在直播中设置抽奖、问答赢奖品等活动，提高用户的参与度和延长停留时长。

注意，奖品最好跟你直播售卖的产品是相关或配套的，这样才能跟你的直播主题契合。

6. 直播频次要固定，加强粉丝黏性

定期直播是加强粉丝黏性的好方法。你可以选择在每周固定的时间进行直播，比如每周三晚上 8 点，这样粉丝就会记住你的直播时间，习惯性来观看直播。记得，在每次直播结束时，提醒粉丝下次直播的时间，给下一场直播做预热。

7.2.4
小红书投放：用好薯条和聚光，放大单号产值

前面讲解了个人博主直播"带货"6 大玩法，但是单个个人账号的影响力毕竟是有限的，每篇笔记的热度也是有时间周期的。

如何能够稳定地获得流量，并且进一步放大数据，这就涉及用钱放大笔记效果的小红书投放手段和用多账号稳定效果的矩阵打法。

小红书的投放工具有两种，分别是薯条和聚光。前者更适合个人号投放，后者更适合有企业资质的个体创业者或者品牌商家。基于本书的绝大部分读者是个人用户，下面先来讲一下如何使用薯条。

1. 薯条是什么

薯条是小红书笔记的加热工具，通过薯条可以将已经发布的笔

记再次推广出去，继续提升该笔记的曝光量、互动量。合理使用薯条，可以更好地放大优质笔记的效果，放大单个账号的产值。

新版薯条面向所有的创作者，对粉丝量、笔记发布的数量都没有要求，只需要账号符合社区规范。这对素人博主来讲是一个很好的机会，用好薯条可以帮助素人博主快速起号。

2. 如何找到薯条功能

1）在目标推广笔记页点击笔记右上方的【…】，在弹窗栏中点击【薯条推广】，如图 7-12 所示。

2）点击【我】—左上角三条杠—【创作中心】—【薯条推广】，如图 7-13 所示。

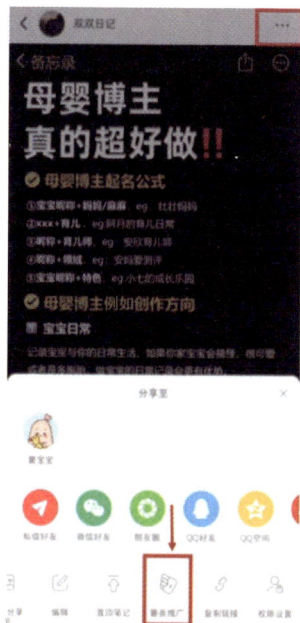

图 7-12　找到薯条功能方法一

图 7-13　找到薯条功能方法二

3）点击【我】—左上角三条杠—【专业号中心】—【薯条推

广】，打开我的薯条主页，选择【薯币充值】（如图 7-14 所示），根据你的需求选择投放时长、推广人群和投放金额，完成支付，待审核通过后，笔记就会被成功推广给更多用户。

图 7-14　找到薯条功能方法三

3. 薯条充值下单门槛

薯条最低 75 元 /750 薯币起投。注意，1 元人民币 =10 薯币，充值薯币时苹果系统需额外支付 30% 的服务费。

系统会根据你选择的投放方式预估出相应播放量或者转化数据，预估值仅供参考，具体请以系统实际展示的效果数据为准。

4. 如何使用薯条

薯条投放的内容需要符合社区规范以及需要是近 90 天内发布的内容。薯条的投放有多种目的可选，选择不同的目的，可以给笔记带来不同的推广效果。

薯条有 3 种推广模式，对应不同目的。

点赞收藏量模式，重点提升点赞、收藏数据，满足增加用户互动行为的需求。

笔记阅读量模式，重点提升阅读量数据，满足笔记被点击阅读的需求。

粉丝关注量模式，重点提升粉丝关注量数据，满足"涨粉"需求。

每笔订单仅支持选择一个目标，如果想多维度提升笔记阅读＋互动＋关注数据，建议多种模式配合交替投放。

同时薯条也可以面向不同的人群进行投放。

薯条目前有 2 种投放方式可触达潜在兴趣用户群体。

第一种是智能优选定向，系统会根据个性化推荐将笔记推荐给感兴趣的用户。这种投放方式适合新手博主。

第二种是自定义定向，可以选择具体的性别、年龄、地域、兴趣标签等定向目标，之后系统会将笔记推荐给你选定范围内的用户。这种投放方式适合明确自己所需要的用户的品牌或者商家。

5. 薯条投放的小技巧

薯条这么好，是不是每条笔记都投，发布以后就投放呢？投放薯条能够大大延长笔记的生命周期，但并不是一发布就去投薯条。那么，在什么时候进行薯条投放，会放大投放效果，缩小投放成本？

通常建议在笔记发布 2 天后，笔记的互动数据不再有明显增长时，开始投放薯条。如果期望在短时间内快速曝光"破圈"，则建议在笔记发布后立即投放。

不同的薯条投放目标，应该在什么时间进行投放？可以根据目的来。

在笔记阅读量模式下，建议发布 2 天后开始，可对优质笔记长期投放。

点赞收藏量模式下，建议发布 2~7 天后开始投放，点赞和收藏量减少时可以交替采用笔记阅读量模式和点赞收藏量模式投放。

在粉丝关注量模式下，建议在发布 1~2 周、积累一定互动数据后，再开始薯条投放。

6. 薯条投放效果怎么看

投放薯条以后，如何评估这次的投放是放大效果而不是亏损呢？需要注意以下几个数据，如图 7-15 所示。小红书薯条官方出台的投放成本计算方式，能够帮助我们更好地评估投放带来的实际效果。

$$投放成本 = \frac{所投目标订单金额}{所投目标实际转化量}$$

☑ 阅读成本=阅读订单金额÷阅读量
☑ 赞藏成本=赞藏订单金额÷赞藏量
☑ "加粉"成本="加粉"订单金额÷关注量

图 7-15　薯条投放成本计算方式

比较薯条投放成本与账号所涉及的行业大盘数据，若成本过高未达预期，可及时优化笔记，调整投放策略。

薯条更多的是"加热"笔记的作用，主要用于提升笔记在小红书的曝光度，从而增加粉丝，适合前期需要提升账号数据的素人博主。但是如果想通过小红书引流获取更多精准的用户来提升成交量，那你就需要了解另一个投放工具——小红书聚光平台。

聚光平台是小红书营销全新上线的一站式广告投放平台，能够满足广告主以"产品'种草'、商品销量、客资收集、直播推广、抢占赛道"为目标的多样化营销诉求。平台打通了搜索和浏览两大用户关键决策场景，并支持以标准化产品单元（Standard Product Unit，SPU）为颗粒度的精准定向和智能投放，为广告主提供一体化的营销解决方案，让好产品自然发光。

简单来说就是通过对笔记进行不同类别的投放，实现精准获客或者商品售卖。通过聚光投放的内容会在首页或搜索页展现，在笔记封面的右下角带有"赞助"的标识，如图 7-16 所示。

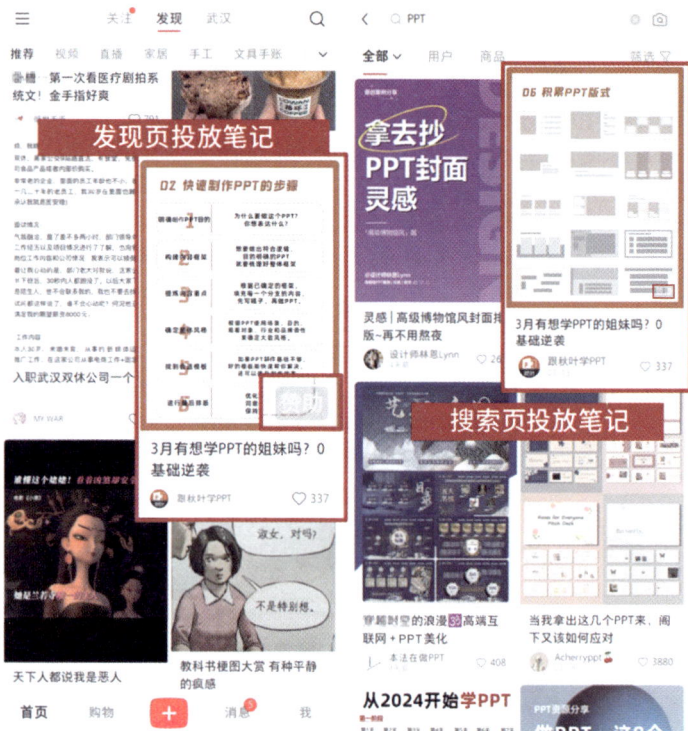

图 7-16　聚光投放的笔记示例

我们应如何使用聚光平台呢？

①小红书聚光平台如何开通。

1）下载小红书 App，注册小红书账号，并绑定手机号码。

2）使用注册小红书账号时绑定的手机号码登录聚光平台（推荐使用谷歌浏览器），此时会提示"您当前还未开通广告投放功能"，并引导你按照流程开通账号的广告投放功能。此时需要选择认证身份，你可选择广告主账号或代理商账号。

若选择代理商账号，前往合作伙伴平台完成入驻流程。

若选择广告主账号，则进入后续开通流程。

3）跳转进入小红书专业号平台，提交相关资质开通专业号。

4）开通专业号后，进入聚光平台开通流程。在聚光平台中，提交推广资质。若审核通过，提交物料并审核，审核后则可开始投放广告；若审核不通过，请根据审核意见修改，并再次提交审核请求。

②小红书聚光投放广告类型。

小红书聚光平台主流的广告类型是信息流广告和搜索广告。信息流广告随机出现在发现页从第 6 起顺位加 10 依次递增，比如推荐页的第 6、16、26、36 位等位置会出现信息流广告，如图 7-17 所示。

另一种广告类型就是搜索广告，是出现在小红书搜索页，通过用户主动搜索关键词展示的一种广告形式。搜索广告展现的位置是在搜索场景下，自然排序第 2 位或第 3 位，依次顺位递增，比如第 9、16、29 位，如图 7-18 所示。

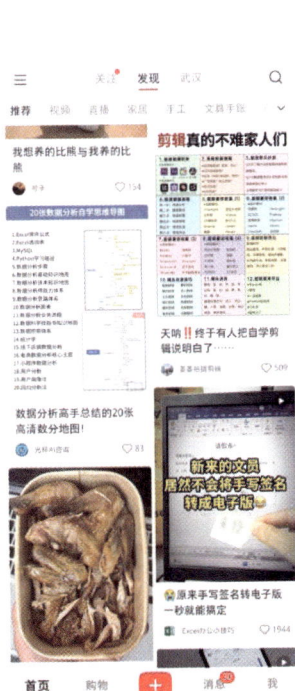

图 7-17　信息流广告示例

图 7-18　搜索广告示例

搜索广告带来的无疑是精准流量，因为用户能够主动搜索品牌或者与产品相关的关键词，足以看出其消费需求强烈，转化的可能性更高。

合理投放信息流广告和搜索广告，能够大大提升品牌的精准曝光和获客能力，提升小红书账号的产值。

小结

用好小红书薯条和小红书聚光投放功能，可以延长优质笔记的生命周期，放大单个账号的产值。

通过薯条可以将已经发布的笔记再次推广出去，继续提升该笔记的曝光量、互动量。薯条面向所有的创作者，对粉丝量、笔记发布的数量没有要求，只需要账号符合社区规范。

聚光则是一种商业推广工具，是通过信息流广告和搜索广告投放的方式，获得更多精准流量，从而增加成交量。只有拥有企业资质的用户，才可以开通小红书聚光平台。

7.2.5
矩阵复利：个人号经验复制，用矩阵稳定获客

除了用钱，即用小红书投放的方式提升产值，还有一种低成本的稳定获客方式就是做矩阵。秋叶团队做了 30 多个小红书的账号，每个月稳定从小红书获取客源超 1 万人，这些用户的获客成本非常低。因为做矩阵，其实是将一份内容复制到更多的账号上，通过笔记本身吸引的用户来实现获客，更多的是自然流量。

那矩阵应该如何做呢？都做一样的账号吗？

矩阵账号并不都是一模一样的个人号，而是有着不同人设、不同的运营目标的账号。一般做矩阵的时候应会做 4 类账号设计，包含企业号、创始人人设号、达人号和素人号，如图 7-19 所示。

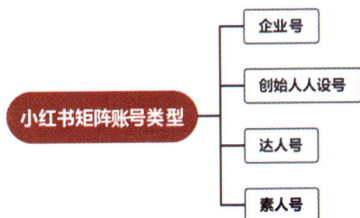

图 7-19　矩阵账号类型

第一类账号是企业号，也是品牌在小红书认证的官方账号，主要作用是以品牌身份发布品牌活动、产品信息等较为可靠的官方消息，树立品牌或者产品正面的形象。企业号可以有多个，如图 7-20 所示，小米手机的企业号是小米、小米之家、小米好物研究所等。

这些账号在矩阵中处于核心位置，其他所有账号的内容创作带来的流量最后都会汇聚到品牌的官方账号上。企业号做得越好，品牌的形象越好，后续用户的转化率就会越高。

图 7-20　小米企业矩阵账号

第二类账号是创始人人设号，是指以创始人的视角创建的小红书账号，比如小米品牌的创始人人设号是雷军，秋叶 PPT 的创始人人设号是秋叶大叔。打造创始人人设号的好处如下。

①创始人的影响力越大，吸引用户的成本越低。

比起直接投广告的方式，一个有影响力的创始人会更容易触达用户。许多用户会因为喜欢创始人，而知晓其品牌。比如很多人在了解到了娃哈哈创始人的创业故事、为人处世之后，更加喜欢娃哈哈这个品牌，购买娃哈哈的产品。

②有个人魅力的创始人，更容易帮助企业树立正面形象。

创始人通常对行业更加敏感，在一些重要的时刻发表的观点，都能很好地给企业加分。创始人的人设越真实、越正面，就越利于品牌树立正面形象。

第三类账号是达人号，是指由品牌运营团队孵化出的账号。达人号可以打造独一无二的人设，从外表上看与品牌官方没有直接关系，但其内容要高度垂直于品牌产品领域。达人号的定位是以第三人称的角度去宣传品牌和产品。因此达人号更容易向用户传递信息，影响用户的决策。

比如秋叶 PPT 在传递 PPT 技巧的过程中，就会创建很多达人号，如图 7-21 所示，这些账号专注 PPT 技巧的教学，传递用户轻松学会一个技巧的概念。很多用户因为喜欢上了某个达人，从而了解到了这个品牌，进一步付费。

图 7-21　秋叶 PPT 达人矩阵账号

第四类账号是素人号。这类账号看起来和品牌毫无联系，但是会在日常运营中软性植入品牌信息，让陌生用户了解品牌的同时，又不会因为觉得该账号发布的笔记是广告而产生不信任。大量建设素人号会降低投放的成本。秋叶团队围绕PPT做了很多素人号（如图7-22所示），看似和品牌不相关，实则其售卖的产品、推荐的PPT课程都植入了自己的品牌。

爱做PPT的婷婷酱
小红书号：8992445316
笔记·46 | 粉丝·7908

跟小玉学PPT
小红书号：Qiuyeppt1022
笔记·100 | 粉丝·2.6万

图 7-22　秋叶PPT素人矩阵账号

通过打造不同类型的账号形成矩阵，不仅可以复用内容，推广的效果也会更好，帮助品牌或者个体博主用更低的成本在小红书进行稳定的曝光和获客。

> **小结**
>
> ─────────────────────────────
>
> 搭建小红书矩阵，包含四类账号：企业号、创始人人设号、达人号和素人号。
>
> 用不同人设、不同的风格、不同的角度，反复触达用户，提高品牌曝光度，用更低的成本实现获客和转化。